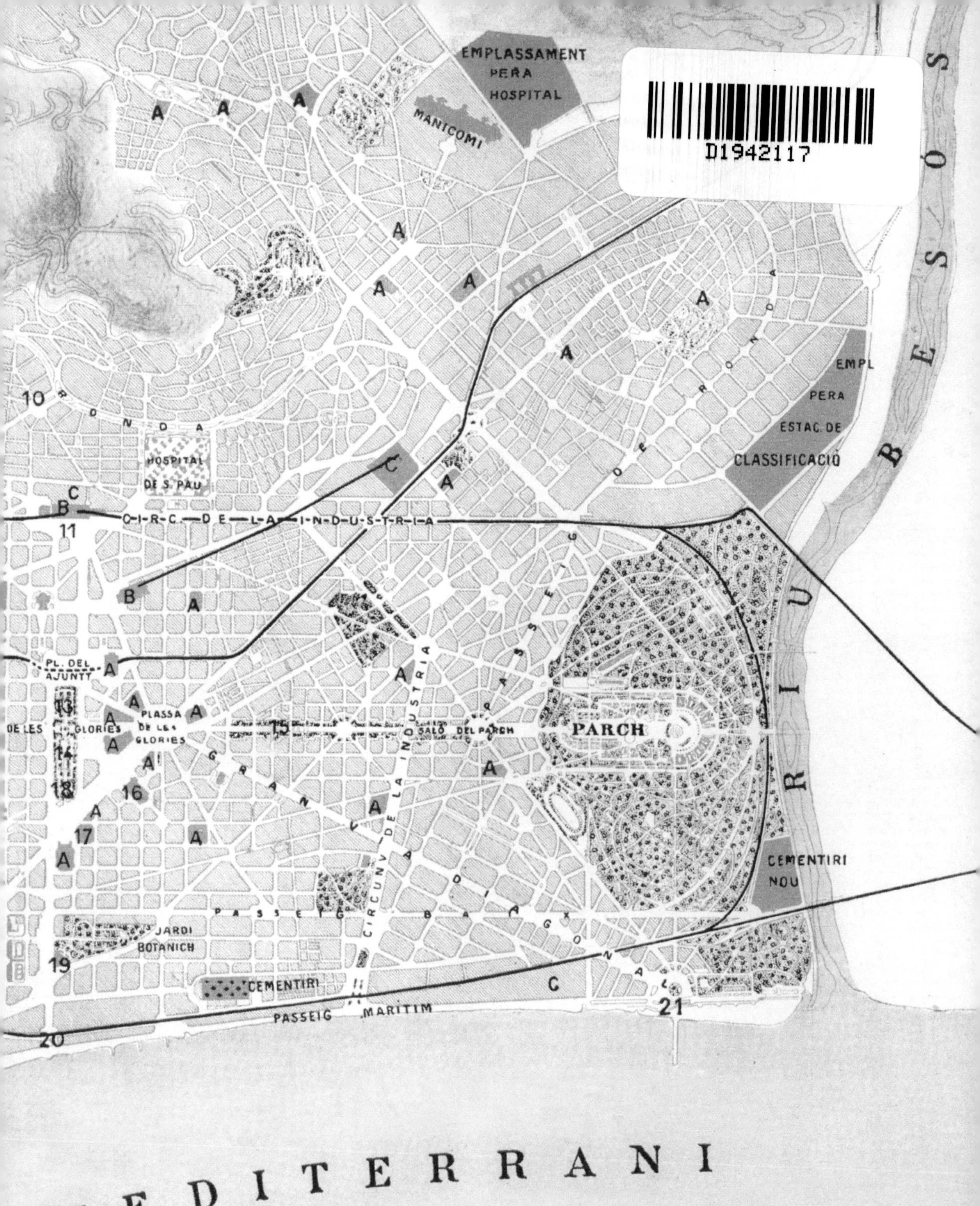
EMPLASSAMENT PERA HOSPITAL
MANICOMI
RONDA
HOSPITAL DE S. PAU
10
11
B
C
C-I-R-C-DE-LA-I-N-D-U-S-T-R-I-A
PL. DEL AJUNTT
13
14
18
16
17
19
20
DE LES GLORIES
PLASSA DE LES GLORIES
15
GRAN VIA DIAGONAL
SALÓ DEL PARCH
PARCH
CIRCUNV DE LA INDUSTRIA
PASSEIG DE RONDA
PASSEIG BAIX
JARDI BOTANICH
CEMENTIRI
PASSEIG MARITIM
21
EMPL PERA ESTAC. DE CLASSIFICACIÓ
CEMENTIRI NOU
RIU BESÓS
MEDITERRANI

Cristina und Eduardo Mendoza

Barcelona – Eine Stadt erfindet die Moderne

Mit zahlreichen Abbildungen

Aus dem Spanischen
von Peter Schwaar

Insel

Die Originalausgabe erschien 1989 unter dem Titel *Barcelona modernista* bei Editorial Planeta, Barcelona. Eine Neuausgabe erschien 2003 bei Editorial Seix Barral, Barcelona.

Dieses Buch erscheint mit Unterstützung des Programms Kultur 2000 der Europäischen Union

Bildung und Kultur

Kultur 2000

Druck: Offizin Andersen Nexö Leipzig GmbH
Printed in Germany
Erste Auflage 2006

ISBN 978-3-458-17325-0
ISBN 3-458-17325-0

Barcelona – Eine Stadt erfindet die Moderne

Vorwort zur deutschen Ausgabe

Der in Katalonien Modernisme genannte Stil stimmt, formal gesehen, mit dem überein, der in anderen Sprachen die Bezeichnung *Jugendstil*, *Art nouveau* oder *Arts and Crafts* erhalten hat, mit einem Stil, der Ende des 19. und Anfang des 20. Jahrhunderts insbesondere in der Architektur und den bildenden Künsten seinen Niederschlag gefunden hat. Der Unterschied besteht in der Bedeutung und dem Ausmaß, die er in Katalonien erlangte – in der Liebesbeziehung, die sich zwischen der katalanischen Gesellschaft und dem Modernisme entwickelte, und zwar so heftig, daß dieser Stil, der in anderen Kulturgebieten eine vorübergehende Mode war, die Physiognomie Kataloniens und ganz besonders die Barcelonas bestimmte und bis heute seine Identität bildet.

Der Grund für diese Symbiose ist leicht zu verstehen. Im Hoch- und Spätmittelalter hatte sich Katalonien wirtschaftlich, politisch und kulturell recht glanzvoller Zeiten erfreut. Später folgten mehrere Jahrhunderte der Stagnation. Die Erholung setzte im 18. Jahrhundert ein, und Mitte des 19. entstand in Katalonien eine neue Gesellschaft, die von einem reichen, unternehmerischen Bürgertum getragen wurde, das jedoch keinerlei politische Macht und auch keine selbstbewußte Identität hatte.

Jede Gemeinschaft, jede gesellschaftliche Formation wächst in der Phase ihrer stärksten Entwicklung mit dem Stil, der im Moment ihrer Expansion dominiert. In Katalonien fiel der Modernisme nicht nur mit dieser Zeit der Expansion zusammen, der er Gestalt verlieh, sondern er trug auch, wie wir sehen werden, einige zusätzliche Elemente bei, deren die aufblühende Gesellschaft so dringend bedurfte.

Zunächst fand dieser neuartige Stil natürlich keine Gegenliebe. Veränderungen stoßen in den dominierenden Gesellschaftsschichten immer auf Widerstand, denn diese sind per definitionem konservativ, und der Modernisme hatte viel Extravagantes an sich. Die Pioniere dieser neuen Strömung nannte man Modernisten, um den Gegensatz zum Klassischen, also Konventionellen zu betonen. Aber sehr rasch wichen Ablehnung und Mißtrauen einer begeisterten Zustimmung, als man sah, daß der kritisierte Modernisme die schöne Eigenschaft hatte, sowohl die praktischen Bedürfnisse der Gesellschaft als auch ihre Fantasien zu befriedigen. Von diesem Moment an bezeichnete der anfänglich pejorativ gebrauchte Begriff »modernistisch« den Stil und die Weltanschauung, die ihn nährte.

Heute läßt sich an jedem beliebigen Beispiel modernistischer Architektur die Dualität erkennen, die zu seinem Erfolg beitrug: einerseits die funktionale Strenge, anderseits die formale Üppigkeit und Heraufbeschwörung von Geschichte, nicht frei von Vulgarität und Ironie. Ein modernistisches Gebäude und die dazugehörige Einrichtung suggerierten ein Raffinement und einen Glanz, die aus ferner Vergangenheit zu kommen schienen. Es waren die stilistischen und handwerklichen Eigenschaften des Modernisme, die es glaubhaft erscheinen ließen, eine glorreiche Geschichte zu rekonstruieren, was nichts anderes war als die Verwirklichung eines Traumes, die Illustration eines Märchens und die Inszenierung eines heroischen Zeitalters, das es nie gegeben hatte. Eine Theatervorstellung, in der die Barceloneser Gesellschaft ihre Sehnsüchte gespiegelt sah und mit der ein aufstrebendes Bürgertum seine Abstammung vor sich selbst und vor der Welt legitimieren konnte.

Nach und nach hielt also der Modernisme im öffentlichen und privaten Leben Barcelonas Einzug, und zwar sehr viel kraftvoller, als es die verwandten Stile andernorts in Europa taten. Das noch junge Bürgertum erfand mit dem Modernisme geradezu die Moderne – in Barcelona diente er dazu, öffentliche Gebäude mit repräsentativem Charakter wie den Palau de la Música oder Nutzbauten wie das Sant-Pau-Krankenhaus zu errichten, Paläste und Luxushäuser wie den Palau Güell oder die Casa Lleó Morera sowie viele Wohnhäuser für eine gesetzte Mittelklasse, in deren Erdgeschoß Restaurants, Stehcafés, Apotheken oder Bäckereien in billig-pompösem modernistischem Stil ihre Türen öffneten.

In kurzer Zeit fanden sich die Barcelonesen tief in den Modernisme getaucht: von der Architektur ihres Hauses bis zum unbedeutendsten Gebrauchsgegenstand, vom Büro oder Ladenlokal, wo sie ihre Arbeitsstunden verbrachten, bis zum Café, in dem sie mit den Freunden plauderten, von der Schnapswerbung bis zum Grab.

Für solchen Erfolg ist immer ein hoher Preis zu bezahlen. Der Modernisme, der als revolutionäre Bewegung und als Suche nach einer neuen Sprache begonnen hatte, wurde schließlich von der Gesellschaft aufgesaugt, deren Konventionen er doch bekämpfen wollte, und wurde zur offiziellen Rhetorik, zur mechanischen Wiederholung kodifizierter Formeln. Aus diesem Grund muß man, wenn man vom Modernisme spricht, zwei Etappen der Kreativität unterscheiden, die von zwei Künstlergenerationen verkörpert wurden: den Wegbereitern und denen, die dank der ersteren bereits ausgetretene Wege vorfanden. Die Pioniere mußten ihre künstlerische mit theoretischer Arbeit untermauern, mit einer regelrechten Ideenkampagne. Das ist der Fall bei Santiago Rusiñol oder Lluís Domènech i Montaner. Ihre Nachfolger befanden sich in einer komfortableren Lage, konnten also Zeit und Mühen ganz ihrem Werk widmen. Da wären etwa Nonell, Mir oder auch der ganz junge Picasso zu nennen (obwohl sich Picasso wiederum sein Leben lang als Pionier ganz eigener Art erwies). Auch wenn letztere unter künstlerischem Gesichtspunkt wahrscheinlich wertvoller sind, legen wir in diesem Buch mehr Gewicht auf die Pioniere als auf ihre Nachfolger.

Trotz des Gesagten steht nicht alles, was in der Zeit zwischen der Weltausstellung von 1888 und dem Ersten Weltkrieg in Barcelona geschieht, in direkter Beziehung zum Modernisme. Es liegt auf der Hand, daß man die Barceloneser Gesellschaft der damaligen Zeit nicht ganz verstehen könnte, hielte man sich nur an das Phänomen und die Idee des Modernisme. Auch kunstgeschichtlich wäre über den Modernisme mehr zu sagen, als wir es hier tun. Am ehesten streben wir so etwas wie ein Epochenbild aus Alltagszeugnissen an. Die folgenden Seiten wollen die Vorstellung, die wir heute von jenem Barcelona haben, anhand literarischer und grafischer Bilder anschaulich machen, ein Barcelona, das zum Teil noch lebendig und gegenwärtig, zum Teil aber unwiederbringlich verloren ist. Dazu haben wir auf ganz unterschiedliche Quellen zurückgegriffen und uns hauptsächlich durch ihre evokative Kraft leiten lassen; manches, was in ihnen als Tatsache behauptet wird, mag objektiv nicht unbedingt zuverlässig sein, vermittelt aber ein deutlicheres Bild der Epoche als die Statistik. Jedenfalls haben wir stärkeren Nachdruck auf das gelegt, was wir heute als charakteristisch für die Zeit empfinden, als auf das, was es tatsächlich gewesen sein mag.

In jedem Buch, das eine Epoche zum Thema hat, springt ebenso das ins Auge, was ausgelassen, wie das, was aufgenommen wurde. Mit Ausnahme von ganz allgemeinen Überlegungen sind hier Hinweise auf das politische Leben, auf Entwicklung und Fortschreiten des Katalanismus, auf das Denken und die Literatur des damaligen Barcelona weggelassen worden. Diese Ereignisse sind so wichtig, daß wir sie nicht in grober Vereinfachung zur Sprache bringen wollten.

Ferner sei auch darauf hingewiesen, daß, obwohl das Hauptgewicht auf den modernistischen Werken im eigentlichen Sinn liegt, die Zeit, die das Buch umfaßt, die Grenzen dieses Stils bei weitem sprengt. So ist beispielsweise von der Weltausstellung von 1888 die Rede, die ein wesentlicher Bestandteil der modernistischen Zeit war, obwohl in ihr der Modernisme noch kaum vertreten war. Auch der Anarchismus als Idee und soziales Phänomen hat keine Beziehung zum Modernisme, aber daß es ihn im damaligen Barcelona gab, durfte unter keinen Umständen verschwiegen werden.

Der Leser wird auch rasch bemerken, daß der Protagonist dieser Darstellung das Bürgertum ist. Obwohl es ja stets die Arbeiter und Handwerker sind, die die Städte bauen, tun sie es immer nach dem Geschmack des Arbeitgebers. Der Arbeiter oder Handwerker kann höchstens ein Zeugnis seines Geschicks, seiner Professionalität hinterlassen. Ohne höchstqualifizierte Facharbeiter wären die bedeutenden Werke des Modernisme nicht möglich gewesen – und auch nicht die kleinen, die durch ihre Menge die Physiognomie Barcelonas bestimmen. Barcelona hatte das Glück, in einem ganz entscheidenden Moment seiner Entwicklung über solche Fachkräfte zu verfügen. Aber es ist eine Tatsache, daß nur die Reichen bleibende Spuren von ihrem Dasein hinterlassen. Bloß am Rande und anonym erscheint mitunter der Arbeiter oder der Arme, als zufälliger Gehilfe, Hintergrundfigur, Statist oder Opfer. Manchmal kommt ihm, etwa in Nonells Bildern, eine gewisse zentrale Rolle zu, aber keine individuelle, sondern eine kollektive, quasi symbolische – sein lädiertes Bild als Archetyp von Elend und Verlassenheit. Abgesehen von diesen seltenen Fällen hatte der damalige Arbeiter nur die Möglichkeit, durch Gewalt in die Geschichte einzugehen, indem er die Stadt zertrümmerte, die er selbst erbaut hatte. In dieser Eigenschaft wird er uns auch auf den Seiten dieses Buches begegnen.

»Sagen, Rätsel und Lieder«

Die Kindheit

Der Barcelonese, der im vorletzten Jahrzehnt des 19. Jahrhunderts zur Welt kam, hatte wenig Aussichten, dieses Unterfangen von Erfolg gekrönt zu sehen. Wie auf der ganzen Welt starben damals viele Kinder bei der Geburt oder in den darauffolgenden Tagen, und viele Frauen erlitten bei der Niederkunft oder als direkte Folge davon das gleiche Schicksal. Aus diesem Grund war eine Geburt ein zwar glückliches, aber gefahrvolles Ereignis, das leicht in eine Tragödie umschlagen konnte. Es war geradezu ungewöhnlich, wenn eine Familienchronik keinen traurigen Vorfall dieser Art zu verzeichnen hatte. Daher waren die Menschen barscher und nachdenklicher und ihre Einstellung gegenüber dem Leben ernsthafter. Und daher waren eine Geburt und die vorangehenden Monate von Sorgen, Ängsten und Aberglauben begleitet. Wo nicht die Wissenschaft die Zweifel beseitigen konnte, wurde auf den Volksglauben zurückgegriffen, um sie zu lindern. So durfte eine schwangere Frau, besonders in den letzten Monaten vor der Niederkunft, abends nicht mehr aus dem Haus, teils, um sich nicht der kühlen Luft auszusetzen, teils aber auch, um dem geheimnisvollen, fraglos schädlichen Einfluß der Nacht zu entgehen, vor allem einer Mondnacht. Ebensowenig durfte sie sich körperlich betätigen, nicht einmal, um sich zu kämmen. Damit dem Kind in ihrem Schoß kein Schaden zugefügt wurde, durfte sie nicht die Beine übereinanderschlagen, sich nicht wiegen und nicht stricken. Es brachte Unglück, wenn eine Schwangere an Hochzeiten oder Taufen teilnahm, und natürlich ebenfalls, wenn ihr eine schwarze Katze über den Weg lief. Solcher Aberglaube entbehrte nicht der Logik – die bösen Geister stellten der Schwangeren nach, um mit allen Mitteln die Geburt eines Christen, eines potentiell frommen Menschen zu verhindern. Daß ein Menschenwesen zur Welt kam, war, so dachte man, ein gottgefälliges Geschehnis. Gegen die Ränke des Bösen und seiner Helfershelfer konnte sich die Schwangere schützen, indem sie sich einen Zettel mit einem vorbeugenden Gebet um den linken Ärmel band oder ins Korsett einnähte. Um

Ramon Casas (1866-1932), fotografiert im angesehensten Studio des Barcelona um die Jahrhundertwende, das von Antonio Fernández *(Napoleón* genannt*)* gegründet worden war, dem ersten königlichen Hoffotografen. Das früheste in Barcelona entstandene Foto stammt aus dem Jahr 1839 und zeigt die Warenbörse auf der Plaza Palacio. Mit der technischen Verbesserung der Fotografie wurde der Mittelstand zum besten Kunden der Studios; seine Angehörigen ließen sich ablichten und schmückten mit den gerahmten Bildern ihre Häuser. Die Armen ließen sich nie fotografieren, und die vermögendsten Klassen beauftragten namhafte Maler mit ihren Porträts.

dessen Wirkung noch zu verstärken, war es ratsam, das Hemd oder einen Strumpf, vorzugsweise den linken, verkehrt herum zu tragen. Drei Stunden vor der Niederkunft durfte die Gebärende nicht mehr schlafen, denn in dieser Zeitspanne konnten die Hexen sie umbringen, wenn sie einnickte. Im Augenblick der Geburt mußte das Haus gründlich gekehrt und der Müll vor die Tür gestellt werden; dadurch war den bösen Geistern der Eintritt verwehrt. Wenn eine Schwangere viel Brot aß, wurde das Kind dumm geboren; wenn sie viel Hirn aß, klug; wenn sie viel Wein trank, mutig. Die Kinder, die am Montag zur Welt kamen, waren glücklich, Dienstagskinder traurig, Mittwochskinder reich, Donnerstagskinder weise, Freitagskinder (vielleicht der beste Wochentag) schön, für Musik und bildende Kunst begabt und empfänglich für Liebesabenteuer, Samstagskinder klein und schwächlich, Sonntagskinder allgemein begabt.

Ernährt wurde das Neugeborene natürlich durch das Stillen. Wenn die Mutter keine Milch hatte und die wirtschaftliche Situation der Familie es erlaubte, wurde das Stillen einer Säugamme oder Kinderfrau anvertraut, also einer Frau, die in derselben Zeit ihr eigenes Kind verloren hatte oder, weil sie besonders kräftig war, zwei Kinder gleichzeitig ernähren konnte. Manchmal kümmerte sich die Amme ganz um das Baby, nahm es zu sich nach Hause und brachte es erst am Ende der Stillzeit wieder ins Elternhaus zurück, das heißt zwei Jahre nach der Geburt oder noch später. Das war für die Eltern überaus bequem und schuf zwischen der Amme und dem Mädchen oder Jungen eine intensive Gefühlsbeziehung. In der Literatur wimmelt es von solchen Beispielen.

Auf die künstliche Ernährung griff man nur in Extremfällen zurück, da man das Sterilisieren von Milch und Saugflaschen noch nicht kannte, so daß die Methode zu oft sehr schweren Krankheiten führte. Wenn es aber dennoch nicht anders ging, stand fest, daß die beste Milch von einer einzigen Eselin, Ziege oder Kuh stammte, in dieser Reihenfolge. Im ersten Monat wurden die Kinder jede Stunde ernährt, im zweiten alle zwei Stunden und so weiter. Vom vierten Monat an gab man ihnen alle vier Stunden etwas. Säuglinge durften erst gebadet werden, wenn sie einen Monat alt waren.

Man sagt immer, damals sei es Sitte gewesen, den Jungen Mädchenkleider anzuziehen. So ausgedrückt, scheint der Brauch eine bewußte Ambiguität mitenthalten zu haben, die jedoch von nichts sonst bestätigt und von vielen Leuten bestritten wird. Man müßte wohl eher sagen, daß die Jungen und Mädchen damals, so wie auch heute, gleich gekleidet waren. Ihre Frisuren waren ebenfalls ähnlich. Aus beidem sollten nicht allzu viele Schlüsse gezogen werden. Ende der 1880er Jahre hielt, aus England kommend, in der Kindergarderobe der Matrosenanzug Einzug.

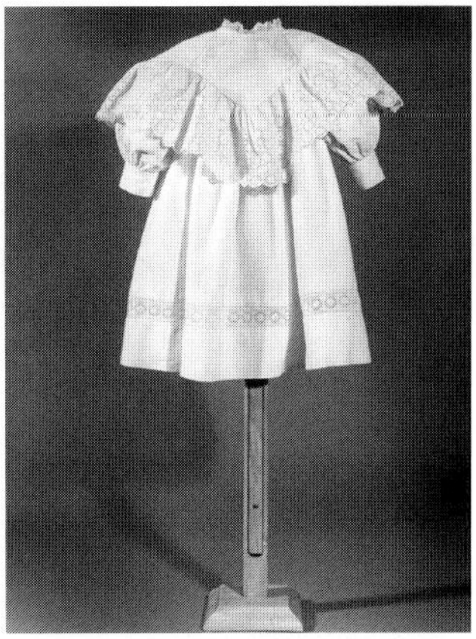

Kindermantel aus Batist, zwischen 1890 und 1900. Museu Tèxtil i d'Indumentària, Barcelona.

Heute läßt sich nur noch schwer sagen, wie die Kindheit Ende des 19. Jahrhunderts aussah. Die überlieferten Darstellungen, verfaßt von Menschen, die im vorgerückten Alter noch ihre Erinnerungen festhalten wollten, sind immer nostalgisch und demzufolge eher emotional als exakt. Außerdem geht von den Kinderfotos aus jener Zeit ein melancholischer Hauch aus, der wahrscheinlich mehr mit der technischen Qualität der Fotografie und der außergewöhnlich feierlichen Atmosphäre im Studio zu tun hat als mit der eigentlichen Stimmung der Porträtierten. Natürlich hängt das Glück oder Unglück jedes einzelnen letzten Endes von besonderen, nicht zu verallgemeinernden Gegebenheiten ab, aber grundsätzlich hat man nicht den Eindruck, die Kindheit im modernistischen Barcelona sei eine angenehme Phase gewesen, wenigstens nicht, wenn wir uns an die Memoiren dieser Zeit halten. Meistens wird da die Liebe zu den Eltern eher abstrakt erwähnt, die Angst vor ihnen dagegen sehr konkret, und es ist schwer, die Dosis Ironie zu entdecken, die für uns heute immer zur Zärtlichkeit gehört. Die Liebe eines Kindes zu seinen Eltern war jedenfalls eine ehrerbietige Liebe, eher von der Institution geweckt als von der Person. Wahrscheinlich wurde dieses Gefühl dem Kind von der Wiege an eingeflößt, und später erlaubte eine reservierte Beziehung nicht, es auf eine persönliche Weise zu leben oder der Wirklichkeit anzupassen. Tatsächlich scheinen die Eltern keinen sehr direkten Kontakt zu ihren Kindern gehabt zu haben. Der Vater widmete einen Großteil des Tages der Arbeit und die Mußestunden dem Stammtisch oder der Lektüre irgendeiner Zeitung. Die Mutter ging tagsüber ganz in der Hausarbeit auf und verbrachte die Freizeit mit der Andacht oder, wenn sie diese Neigung verspürte, irgendwelchen

Zerstreuungen. Aber die bürgerliche Familie bewahrte noch die alte ländliche Struktur, die sich so sehr von der Kernfamilie unterscheidet, welche sich wenig später durchsetzte und bis heute weiterlebt. Damals bestand die Familie aus den Eltern, den Kindern, den überlebenden Großeltern, manchmal den Urgroßeltern, unzähligen ledigen Tanten und sogar Onkeln, die sich noch nicht selbständig gemacht hatten, mehr oder weniger zahlreichen Hausangestellten und einer Reihe pittoresker Figuren. Vielleicht aus diesem Grund, aber auch, weil die Familien normalerweise viele Kinder hatten, schenkten die Eltern diesen sehr wenig Beachtung. Die Kinder waren der Obhut von Kinderfrauen oder Erzieherinnen überlassen, die ihrerseits von irgendeiner ledigen Tante überwacht wurden. In diesem Sinn lebten sie tief in einer eigenen Welt, die sehr anders war als die der Erwachsenen, mit denen sie weder zeitlich noch räumlich zusammen waren und erst recht nichts gemeinsam unternahmen. Aber ein Kind mit offenen Augen konnte aus dem Mikrokosmos, in dem es lebte, viele Lehren ziehen.

Die Institution Familie, das Zuhause und also die Kindheit machten im Lauf der Periode, die uns hier beschäftigt, eine grundlegende Veränderung durch, und das Verschwinden einer seit Jahrhunderten, wenn nicht Jahrtausenden eingewurzelten Familienstruktur löste in der Gesellschaft eine so tiefe Erschütterung aus, daß diejenigen, die sie erlebten, nur mit trauererfüllter Nostalgie von der Kindheit in diesem Barcelona sprechen können. »In jenen Zeiten«, sagt Nicolau d'Olwer in seinen Memoiren, »wurden wir Barceloneser Kinder noch nach katalanischer Art aufgezogen – unsere Kinderfräulein kamen vom Land und brachten uns als Geschenke ihrer Heimat Sagen, Rätsel und Lieder mit, dieselben Lieder, die zu der Stunde, wo in der Küche der größte Betrieb herrschte, die Innenhöfe erfüllten.«

Wie die Augenzeugen der Zeit in ihren Schriften berichten, waren die reichen, guternährten und wohlbehüteten Kinder gemeinhin fast nie krank. Nur die typischen Kinderkrankheiten zwangen sie ab und zu, das Bett zu hüten. Diese Leiden konnten schwer sein, wie Masern, Scharlach, Wundrose oder Keuchhusten, oder weniger schwer, wie Grippe, Krupp oder eine starke Erkältung. Wenn sich die ersten Symptome einer solchen Krankheit zeigten, wurden dem Patienten eine strikte Diät, Ruhe und das, was der Kräutermann sonst noch verschrieben hatte, verordnet. Ließen die Symptome nach einigen Tagen nicht nach, ging man zu einem Apotheker, und erst wenn sämtliche Mittel erfolglos ausgeschöpft waren, wurde der Arzt beigezogen. Fast ausnahmslos alle Kinder, selbst die gesündesten, waren bleich und hager.

»... sind die Großstädte ebenfalls nicht besonders furchterregend«

Barcelona am Ende des 19. Jahrhunderts

»Der Reisende, der auf dem Seeweg nach Barcelona gelangt«, beginnt ein 1887 erschienener Fremdenführer von José Coroleu, »muß eine Fahrkarte für ein Boot lösen und zwecks Gepäckkontrolle zum Inspektionsgebäude fahren (Mole der Barceloneta).« Es wird nicht erwähnt, warum man eine Fahrkarte für ein Boot lösen muß, denn damals war das eine Selbstverständlichkeit: Der Hafen von Barcelona verfügte kaum über Einrichtungen, die den Schiffen ein längsseitiges Anlegen erlaubt hätten, so daß fast alle heckvoran vor Anker gehen mußten. An Land gelangten Besatzung, Passagiere und Waren auf Booten, Barkassen und Schaluppen, von denen es zwischen den riesigen, mehrheitlich noch mit Segeln bestückten Schiffen nur so wimmelte. Der Hafen mit seinem Mastenwald und dem intensiven, tosenden Verkehr muß der bei weitem belebteste Ort der Stadt gewesen sein, ihr vitales Zentrum und ihre Daseinsberechtigung. Die Bootsfahrt kostete »0,50 Pesete pro Passagier und 0,25 pro Gepäckstück«.

Im vorletzten Jahrzehnt des 19. Jahrhunderts dürfte Barcelona dem Fremden einen sonderbaren Anblick geboten haben. Diejenigen Reisenden, die ihre Eindrücke schriftlich festhielten, betonen übereinstimmend die kosmopolitische Atmosphäre der Stadt oder zumindest den ausgeprägten Unterschied zum übrigen Spanien. Théodore Simons, der Barcelona 1881 besuchte, sagt, man hätte es für eine französische Stadt halten können, die »in puncto Schaustellung und Reichtum furchtlos mit Marseille rivalisieren« dürfe. Edmundo de Amicis, der sie durchstreift, »kaum hatte ich mich von der Ermüdung erholt, die mir die schreckliche Nacht der Pyrenäenüberquerung verursacht hatte«, sagt 1884 über Barcelona, es sei »die unspanischste Stadt Spaniens«. Die Bilanz des kurzen Aufenthalts des italienischen Romanciers zeugt nicht eben von überbordender Begeisterung. »Diese Stadt, auch wenn sie bei weitem nicht die Blüte aller schönen Städte der Welt ist, wie Cervantes sie nannte, (...) hat

Rundblick auf Barcelona vom Glockenturm der Kathedrale aus. Fotografie von 1907. Institut Amatller d'Art Hispànic-Arxiu Mas, Barcelona.

mir gefallen, und ihre sich stets abrackernde Bevölkerung hat mir Respekt eingeflößt.«

Dieser immer wiederkehrende Kommentar, daß Barcelona nicht wie eine spanische Stadt wirke, wurde von den Barcelonesen sehr wohlwollend aufgenommen, die darin ein vorbehaltloses Lob erblickten. Aber daß Barcelona ständig für genau das gepriesen wird, was es nicht ist, daß hartnäckig auf die Mängel hingewiesen wird, die es nicht hat, statt auf die Vorzüge, die es hat, legt, zusammen mit der Zurückhaltung, mit der die Reisenden über es berichten, den Gedanken nahe, daß Barcelona am Ende des 19. Jahrhunderts letztlich eine recht durchschnittliche Stadt ohne jeglichen Charme gewesen sein muß, daß es im Vorfeld der Weltausstellung von 1888 eine alte, unbequeme und blasse Stadt war. Tatsächlich war es bis kurz zuvor zwischen anachronistischen Mauern eingepfercht gewesen, die ursprünglich zu Verteidigungszwecken errichtet, aber später einzig dazu stehengelassen worden waren, um die Expansion der Stadt zu verhindern. Außerhalb der Mauern war, im 18. Jahrhundert, nur ein anfänglich von Fischern bewohntes Viertel entstanden, in dem sich später aus Platznot allmählich die Fabriken von einiger Bedeutung sowie die Stierkampfarena niederließen. Dieses auf den Namen Barceloneta (»Klein-Barcelona«) getaufte Viertel war das bei weitem amüsanteste der ganzen Stadt, eine Art dem

Ramon Martí Alsina, *Dächer von Barcelona von der Riera de San Juan aus.* 1889. Öl auf Leinwand, 44 x 57 cm. Museu Nacional d'Art de Catalunya, Barcelona. – Taten die Modernisten, angeführt von Casas und Rusiñol, den entscheidenden Schritt zur Erneuerung der katalanischen Malerei, so war es Martí Alsina, der einige Jahre vorher die Grundlagen für diese künftige moderne katalanische Schule geschaffen hatte, indem er in Katalonien die realistische Malerei und die innovativen Ideen Courbets einführte. Höchstwahrscheinlich stammt dieser Ausblick auf Barcelona vom großen, im Ribera-Viertel gelegenen Atelier des Malers, in dem viele Gehilfen arbeiteten.

väterlichen Pferch verlorengegangener Sohn, vom Meer bespült, etwas ausschweifend und lärmig. Abgesehen von der Barceloneta hatte sich die Expansion außerhalb der Stadt auf den Paseo de Gracia beschränkt, einen alten Weg, der Barcelona mit dem benachbarten Städtchen Gracia verband. Die Umgestaltung dieser Straße zu einer städtischen Arterie hatte 1821 begonnen, aber die Mauern hatten dem Projekt im Wege gestanden. Später, noch bevor mit dem Bau des Ensanche-Viertels begonnen wurde, waren am Paseo de Gracia Restaurants, Theater, öffentliche Gärten, Brunnen und ein Vergnügungspark entstanden, der über einen künstlichen See und einen Pistolenschießplatz, dazu die Achterbahn, damals noch eine große Neuigkeit für Barcelona, sowie mehrere Karussells verfügte.

1854 waren die Mauern schließlich abgerissen worden, nicht ohne Widerstand seitens der Madrider Behörden. Von dieser Opposition zeugt ein seltsamer, von Duran i Bas, damals Sekretär der Stadtverwaltung und späterer Gnaden- und Justizminister, verfaßter Erläuterungsbericht, den die Stadtverwaltung von Barcelona 1853 der Zentralregierung schickte und in dem es unter anderem heißt, es wäre »geradezu lächerlich, sich dem En-

In der modernistischen Zeit blieben die Ramblas eine der Hauptarterien der Stadt, aber ihre Häuser, Theater, der Baumbestand und sogar die Elektrifizierung stammen aus der Zeit zuvor. Während des Modernisme wurde der Paseo de Gracia wichtiger als die Ramblas, und die reichen Familien begannen, ihren Wohnsitz in die Gegend oberhalb der Plaza de Cataluña zu verlegen. Fotografie A. Mas. Institut Amatller d'Art Hispànic-Arxiu Mas, Barcelona.

Die Plaza de Cataluña auf einer Fotografie von 1905, auf der man im Hintergrund links auf der Kreuzung mit dem Paseo de Gracia das Hotel Colón erkennt. Dieses Hotel wurde 1902 nach den Regeln der modernistischen Architektur und als Projekt des Architekten Audet gebaut, der mehrere Barceloneser Theater geschaffen hatte. Später bekam das Hotel sieben Stockwerke (1918), und am Ende des Bürgerkriegs wurde es in Brand gesteckt. Ihm gegenüber, auf der andern Seite des Paseo de Gracia, ist hinter den Bäumen das neugotische Gebäude von Enric Sagnier aus den Jahren 1890-1891 zu erkennen. Die Plaza de Cataluña, seit ihren Anfängen Gegenstand zahlreicher Umbauprojekte, von denen viele nie ausgeführt wurden, blieb immer eine große Insel, die die Altstadt von der neuen Stadt trennt. Fotografie A. Mas. Institut Amatller d'Art Hispànic-Arxiu Mas, Barcelona.

sanche von Barcelona, der großen Stadterweiterung, widersetzen zu wollen, als spürte man schon künftige Übel voraus... Und ebensowenig darf man argwöhnen, wenn man das Leben in den Großstädten fördere, fördere man auch die Entwicklung der zersetzenden Keime, welche in ihnen hausen. Die Sittlichkeit in diesen Städten«, heißt es in dem Bericht weiter, »ist nicht geringer als in kleinen Ortschaften: Schreckliche Verbrechen haben Spanien seit einigen Monaten erbeben lassen, und sie sind gewiß nicht in den Großstädten begangen worden, die doch viel mehr Perversion und Scheußlichkeit aufweisen.«

»Und in den Tagen, in denen es zu politischen Zwistigkeiten kommt«, fährt er fort, »sind die Großstädte ebenfalls nicht be-

Die Calle Muntaner auf einer Fotografie von 1913. Links das Haus von Isabel Llorach, die im Kulturleben der Stadt eine wichtige Rolle spielte, insbesondere in der Welt von Theater und Oper. Wie viele andere modernistische Einfamilienhäuser steht auch dieses von Puig i Cadafalch 1904 erbaute heute nicht mehr. Fotografie A. Mas. Institut Amatller d'Art Hispànic-Arxiu Mas, Barcelona.

Der Paseo de Gracia, mit dessen Bau 1821 begonnen worden war und der erst 1853 mit Gasbeleuchtung ausgestattet wurde, erlebte seine glanzvollste Periode Ende des 19. Jahrhunderts. Die besten Architekten des Modernisme errichteten auf ihm einige ihrer repräsentativsten Bauten. Es entstanden Cafés und Theater, und die Hochbourgeoisie traf sich auf ihm zu ihren Spaziergängen, auf denen man gesehen werden wollte. Kurzum, es war der vom Bürgertum des Modernisme geschaffene kosmopolitische Boulevard. Rechts sieht man eine der 1906 von Falqués entworfenen charakteristischen Laternen mit Sitzbank. Arxiu Històric de Barcelona.

sonders furchterregend; in ihnen sitzen die Behörden, die die Feder des ganzen Mechanismus und der ganzen Kraft der Regierung in der Hand halten; und wenn in ihnen einmal der Aufstand seinen Kopf hebt, dann ist es in den kleinen Ortschaften, den Bergen und Tälern, wo die Bürgerkriege toben und die tükkischen Leidenschaften, die sie hervorbringen, mit rasendster Erbitterung ausbrechen.«

Diese nicht einmal oberflächlich besehen triftige Argumenta-

Die Rambla de Cataluña, wo sie in die Plaza de Cataluña mündet. Im Hintergrund, auf der Kreuzung mit der Gran Vía, sieht man das Denkmal von Joan Güell i Ferrer, einem bedeutenden Vertreter der katalanischen Textilindustrie. Dieses Denkmal, entworfen vom Architekten Joan Martorell und ausgeführt von verschiedenen Bildhauern, unter denen Rossend Nobas herausragt, wurde 1888 errichtet. In diesen Jahren wurden zur Verschönerung der neuen Stadt viele Denkmalskulpturen geschaffen, deren künstlerische Merkmale nichts mit denen der modernistischen Bildhauerkunst gemeinsam haben, sondern einem wenig innovativen Realismus entsprechen. Arxiu Històric de Barcelona.

Der Paseo Nacional in der Barceloneta. Dieses Viertel, 1753 nach einem Entwurf des Militäringenieurs Próspero de Verboom aus dem Jahr 1719 erbaut – er hatte auch die Ciudadela und die darin enthaltenen Gebäude geschaffen –, wies Ende des Jahrhunderts eine außerordentlich hohe Bevölkerungsdichte auf, und die Menschen lebten in armseligsten sanitären Verhältnissen. Das Bild der Frau, die am Brunnen einen Krug füllt, stellte eine alltägliche Szene dar – die Häuser in der Barceloneta verfügten wie diejenigen der alten Stadtviertel nicht über fließendes Wasser. Am Jahrhundertende war die Barceloneta ein ausschließlich auf die Seefahrt ausgerichtetes Viertel, in dem Fischer und Hafenarbeiter wohnten.

tion, die sich, ein schönes Beispiel städtischer Beredsamkeit, mehr von der Lyrik als von der Logik nährt, verdeckt zwei bemerkenswerte Realitäten: Madrids Widerstand gegenüber allem, was die Entwicklung Barcelonas hätte fördern können, und den bedrückenden Mangel an Lebensraum, mit dem die Stadt in der zweiten Jahrhunderthälfte lebte. Der Bericht der Stadtverwaltung spricht selber von diesem Mangel, mit Worten, denen man trotz des Gestrüpps von Schwülstigkeiten entnehmen kann, wie

Anblick des Hafens von Barcelona Ende des 19. Jahrhunderts. Wie man sieht, überwiegen noch die Segel- gegenüber den Dampfschiffen. Arxiu Històric de Barcelona.

beängstigend die Lage war. In Barcelona, heißt es diesbezüglich, seien die Zustände, die seine Enge auferlegte, so elend, daß Arme und Reiche gleichermaßen »scharenweise stürben, wenn die Göttliche Vorsehung nicht über dieser Stadt wachte, um sie vor der Sichel einer Epidemie zu bewahren«.

Das Zusammenleben auf kleinstem Raum führte nicht nur zu einer potentiellen Gefahr. Gemäß den Zahlen, die Don Pedro García Faria in einem vor der Hygiene-Akademie Barcelona 1894 vorgetragenen Jahresbericht angab, starben in Barcelona in den zehn Jahren zwischen 1880 und 1890 54075 Personen an »absolut vermeidbaren« Infektionskrankheiten.

1860 legte Ihre Majestät Königin Isabella II. den Grundstein zum sogenannten Plan Cerdà, einer Stadterweiterung nach französischer Art, die sich vom Ende der Altstadt bis zum Fuß der Abhänge der Sierra de Collserola erstrecken sollte. Doch zwanzig Jahre später, als der hier behandelte Zeitraum einsetzte, erblickte man auf dieser Fläche von 13989942 Quadratmetern nur gerade einige vereinzelte Häuser. Der Rest des Landes, dem Ackerbau entzogen oder für diesen noch auf prekäre Weise genutzt, war ein Raster aus Ödland, staubbedeckt in Trocken- und voller Schlamm in Regenzeiten, Brachfelder, wo allenfalls ab und zu eine Kompanie Rekruten bei der Ausbildung zu sehen war. Inzwischen »ist Barcelonas Allgemeinzustand, so traurig das Eingeständnis ist, weit davon entfernt, so zufriedenstellend zu

sein, wie es einer Stadt zusteht, die es verdient, sich in jeder Hinsicht auf der Höhe der wichtigsten Städte des Auslandes zu befinden«. »Es genügt nicht«, fügte der Autor dieses Berichts weiter unten an, »bestehende Mängel zu korrigieren; die Stadt muß überdies mit Wasser versorgt werden (...); man muß sie mit Märkten, Krankenhäusern, Wohlfahrtseinrichtungen anderer Art, mit Schulen und einer großen Zahl von Gebäuden und Neuerungen ausstatten, die dazu beitragen sollen, den Ort anderen gleichzusetzen, wo man sich nach Kräften bemüht hat, die Bedürfnisse der aktuellen Zivilisation hinlänglich zu befriedigen.«

Der Strand der Barceloneta wurde erst Ende des 19. Jahrhunderts populär, als öffentliche Verkehrsmittel den Zugang zu diesem damals vom Zentrum recht weit entfernten Ort erleichterten. Zur Beliebtheit des Strandes trug wesentlich der Bau der orientalischen Bäder (1872) und später der Bäder von San Sebastián bei, in denen es keine Trennung von Männern und Frauen gab. Arxiu Històric de Barcelona.

»Häßliche, schändliche Geheimnisse«

Das Familienleben

Die Familienwohnung war nicht wie heute der Hort der Intimität, sondern der Schauplatz, auf dem zu einem großen Teil das praktische Leben einer Barceloneser Familie von gewisser Abstammung stattfand. Da wurden Geschäftssitzungen abgehalten, und es herrschte ein Kommen und Gehen von Verkäufern, Schneidern, Modistinnen, Näherinnen, Friseuren, Musik- und Gesangs-, Tanz- oder Zeichenlehrern, Ärzten, Geistlichen, Anwälten und Notaren, nicht zu reden von den häufigen Höflichkeits- oder Vergnügungsbesuchen. Innerhalb dieser Welt bildeten die Hausangestellten wiederum eine eigene Welt. Da ihr Unterhalt nicht viel kostete und ihr Lohn lächerlich gering war, waren sie oft sehr zahlreich. So verlangte es auch das reibungslose Funktionieren des Haushalts, denn es mußte ein enormer Bereich sauber und in Ordnung gehalten werden, der vollgestopft war mit Möbeln, Teppichen, Gardinen und Vorhängen, Bildern, Statuen, Blumentöpfen, Porzellangeschirr und anderen Schmuckstücken, es mußte eine Familie mit vielen Mitgliedern, von denen keine andere Beteiligung an den Hausarbeiten erwartet werden durfte als Überwachung und Kritik, ernährt, die Wäsche gewaschen, gebügelt, gestärkt, geplättet, genäht und gestopft, es mußten die Kinder aufgezogen und betreut, die Kutschen in gutem Zustand bewahrt und ausgefahren, die Zugtiere und Pferdeställe und Remisen unterhalten werden und so weiter. Logischerweise galt es diese Bedienstetenschar auch zu ernähren und zu kleiden, was zusätzliche Arbeit verursachte und entsprechende Mittel erforderte. Dagegen waren Haustiere (natürlich mit Ausnahme von Pferden und Maultieren) noch nicht sehr verbreitet. In einigen Haushalten gab es Singvögel in ihren Käfigen. Hunde waren noch Nutztiere, und nur gelegentlich hielt sie ein Exzentriker zur Gesellschaft oder zum Schmuck. Der erste Verkäufer von Schoßhunden in Barcelona war ein Hundetrimmer namens Batllorí Picafort, der 1880 einen Laden auf dem Pla de la Boquería hatte. Katzen waren halbwilde Tiere, die in Kellern, Weinhandlungen, Lagerräumen und an ähnlichen Orten gehalten wurden, damit sie die Ratten verscheuchten.

Das häusliche Leben begann bei Sonnenuntergang mit eher monotonen gesellschaftlichen Begegnungen. Damals herrschte der Brauch – er hat bis vor kurzem überlebt –, daß die Söhne, die nicht mehr im Elternhaus wohnten, zur Dämmerstunde ihre Eltern besuchten. Waren sie verheiratet, so taten sie es in Begleitung ihrer Frauen und Kinder. Bei diesen Besuchen waren die Sessel oder das Sofa den Personen vorgerückten Alters vorbehalten. Alle andern setzten sich auf Stühle, in deren Handhabung sie ein heute verlorengegangenes Geschick erworben hatten. Sie balancierten den Stuhl so weit nach hinten, bis er nachgab und instabil an der Wand lehnte; manchmal setzten sich die Männer umgekehrt darauf, die Beine gespreizt und die Brust auf die Rückenlehne gestützt. Im Verlaufe dieser Familientreffen wurden in aller Weitschweifigkeit die belanglosesten Vorfälle des Tages referiert, die Ereignisse in der Stadt kommentiert, die Abwesenden in Erinnerung gerufen, die alten Familienanekdoten zum x-ten Mal zelebriert. Oft ließ man sich zu diskreter Verleumdung hinreißen. Die Kinder vertrieben sich die Zeit, indem sie mit den Vettern und Kusinen spielten oder stritten, be-

M. Pidelaserra, *Die Familie Deu*. 1902. Öl auf Leinwand, 200 x 280 cm. Museu Nacional d'Art de Catalunya, Barcelona. — Im selben Jahr, in dem Pidelaserra dieses Bild malte, hatte er seine erste Einzelausstellung in der Sala Parés in Barcelona. Darin wurden eine Reihe in Paris gemalte Werke gezeigt, die laut der fortschrittlichen Kritik die typischen Eigenschaften des französischen Impressionismus aufwiesen. Mit Ausnahme weniger Bilder fiel die Ausstellung bei Publikum und Kritik durch, denn noch zu Beginn des 20. Jahrhunderts war das Barceloneser Publikum der avantgardistischen Malerei gegenüber ablehnend eingestellt. Narcís Deu i Mata, ein

Verwandter des Künstlers, kaufte als einziger einige der in der Sala Parés ausgestellten Werke und beauftragte den Maler kurz danach mit diesem Porträt von sich und seiner Familie.

Interieur der Beletage des von Ramon Casas' Eltern beim Architekten Antoni Rovira i Rabassa 1898/99 in Auftrag gegebenen und von Josep Pascó ausgestatteten Hauses auf dem Paseo de Gracia 96. In dieser Wohnung lebte der Maler viele Jahre, und hier befand sich auch sein Atelier. Man beachte, daß auf dieser Fotografie aus dem Jahr 1932 – Ramon Casas' Todesjahr – noch die von Casas selbst stammenden Wandmalereien

nahmen sich, so gut es eben ging, und schliefen, übermannt von der Langeweile, schließlich ein. Dann kehrten die Besucher wieder nach Hause zurück. Nach dem Abendessen lasen oder nähten die Frauen. Da es noch keine Musikkonserven gab (Edison erfand den Phonographen 1878, aber es dauerte noch mehrere Jahrzehnte, bis die Musikwiedergabe für den Hörer allmählich befriedigend war, und einige weitere, bis das vermarktete Produkt Verbreitung erlangte), oblag es den Frauen in den Familien auch, am Klavier, auf der Geige oder einem andern Instrument die neusten Stücke oder klassische Werke vorzuspielen; wenn sie nur ein klein wenig begabt waren oder es zu sein glaubten, sangen sie. Von den bekanntesten Orchesterwerken gab es Bearbeitungen für Klavier, insbesondere zu vier Händen: von den Sinfonien Beethovens, Schuberts, Mendelssohns und so weiter. An dieser Beschäftigung beteiligten sich die Männer sehr wenig, aus Galanterie oder zum Spaß oder wenn sie inständig darum gebeten wurden. Das Rosenkranzbeten als familiärer Zeitvertreib kam langsam aus der Mode. Manchmal wurde Mensch-ärgere-dich-nicht, Oca und vor allem in der Lotterie gespielt.

Das Familienleben dürfte oft genug ziemlich langweilig gewesen sein. Die Männer bekämpften diese Langeweile, indem sie die meiste Zeit außer Haus verbrachten, bei der Arbeit oder im Café. Die Frauen gaben sich der Träumerei hin, die die Tochter der Langeweile ist. Daher erscheinen uns heute die Frauen von früher so romantisch und selbstlos. Die gängige Literatur spiegelte diese Romantik wider und schürte sie unverhohlen, die Romane von Schriftstellern wie Alexandre Dumas, Eugène Sue oder Fernán Caballero waren unter den Frauen weitverbreitet. Die Autoren von Bildungsbüchern für christliche junge Mädchen verteufelten das Laster des Lesens. In seiner *Moralischen Enzyklopädie für christliche Señoritas* geißelte Vicente Martín die Scheinheiligkeit vieler vorgeblich tugendhafter junger Mädchen, die nicht die geringsten auch noch so verhüllten Avancen eines Mannes akzeptiert hätten, dann aber allein in ihrem Zimmer stundenlang »mit größtem Vergnügen die häßlichen, schändlichen Geheimnisse lesen, die ihnen [der Roman] erzählt, gierig seine Kapitel verschlingend, bis das Gift völlig aufgesaugt ist, das sie absondern«. Dem fügte, die Syntax der Empörung unterordnend, ein weiterer Autor hinzu: »Allein die in dreißig Jahren publizierten Romane haben keinen Greuel ausgelassen, den sie nicht beschrieben hätten, Ungeschick, das sie nicht probiert hätten, Verbrechen, das sie nicht verteidigt hätten, noch Tugend, die sie nicht geschmäht hätten.« An diesen Abendbeschäftigungen nahmen aber die Kinder wenig teil; sie gingen zeitig zu Bett und schliefen ein, wenn sie die haarsträubenden, aber moraltriefenden Märchen hörten, die ihnen die Kinderfrau erzählte.

zu sehen sind, die später verschwanden. Heute ist in dieser Wohnung die Möbelabteilung des Einrichtungshauses Vinçon eingemietet, sie kann also besichtigt werden. Fotografie A. Mas. Institut Amatller d'Art Hispànic-Arxiu Mas, Barcelona.

Badezimmer der Casa Quadras, eine Arbeit von Puig i Cadafalch aus dem Jahr 1904 in der Diagonal 373, bei der Calle Pau Claris. Fotografie von 1904 von A. Mas. Institut Amatller d'Art Hispànic-Arxiu Mas, Barcelona.

Küche der Casa Niubó in Pedralbes. Fotografie von 1909 von A. Mas. Institut Amatller d'Art Hispànic-Arxiu Mas, Barcelona.

Interieur der Casa Llorach, eine Arbeit von Puig i Cadafalch. Fotografie von A. Mas. Institut Amatller d'Art Hispànic-Arxiu Mas, Barcelona.

Speisezimmer der Wohnung des Bankiers Evaristo Arnús, erbaut 1903 von Enric Sagnier am Fuß des Tibidabo. Das Mobiliar stammt von Joan Busquets, dem, zusammen mit Gaspar Homar, repräsentativsten Kunsttischler und Dekorateur des Modernisme. Fotografie von A. Mas. Institut Amatller d'Art Hispànic-Arxiu Mas, Barcelona.

Wohnzimmer der Casa Lleó Morera, Paseo de Gracia 35. 1904 beauftragte Domènech i Montaner, der Architekt des Hauses, Gaspar Homar mit der Ausstattung der Beletage, die, wie damals üblich, von den Besitzern des Gebäudes bewohnt wurde. Besonders bemerkenswert in diesem Ensemble von Tischler-, Glas- und Metallarbeiten sind die Holzeinlegearbeiten einiger Möbel und der hohen Wandtäfelungen, die den ganzen Raum einfassen und deren Entwurf vom Zeichner und Maler Josep Pey, häufig Mitarbeiter von Homar, stammte und deren im Symbolismus wurzelnde Thematik dem Zeitgeschmack entsprach. Fotografie A. Mas. Institut Amatller d'Art Hispànic-Arxiu Mas, Barcelona. – Diese gesamte Inneneinrichtung (Möbel, Lampe usw.), derzeit im Museu Nacional d'Art de Catalunya, Barcelona, ist Homars beste und eine der herausragendsten der ganzen Einrichtungskunst des Modernisme. Fotografie A. Mas. Institut Amatller d'Art Hispànic-Arxiu Mas, Barcelona.

Die Familienfeste wurden von den wichtigen religiösen Ereignissen bestimmt: Taufen, Erstkommunionen und Hochzeiten, Weihnacht, Neujahr und Dreikönigsfest. Die Namenstage wurden mehr gefeiert als die Geburtstage, die man meistens nicht beachtete. Das einzige nichtreligiöse Familienfest war die Einführung eines jungen Mädchens in die Gesellschaft. Wichtige

Salon des Hauses der Grafen von Sicart in der Calle Fontanella 3, eine Arbeit von Antoni M. de Gallisà. Fotografie A. Mas. Institut Amatller d'Art Hispànic-Arxiu Mas, Barcelona.

Ramon Casas, *Interieur unter freiem Himmel*. 1892. Öl auf Leinwand, 161 x 121 cm. Sammlung Carmen Thyssen-Bornemisza, im Depot des Museums Thyssen-Bornemisza. – Casas porträtierte seine Schwester und seinen Schwager auf der Terrasse seines Elternhauses in der Calle Ample in Barcelona. Nachdem er 1892 mit diesem Bild an der Ausstellung der Schönen Künste in Madrid teilgenommen und dort einen dritten Preis bekommen hatte, stellte er es unter dem Titel *L'après-midi* im Salon du Champs de Mars in Paris vor. In dieser wundervollen Szene, die der Kritiker Raimon Casellas 1893 als »Sinfonie in Violett und Gold nach dem Beispiel von Whistler« definierte, sind zwei Archetypen des bürgerlichen Barcelona jener Zeit gestaltet.

Hochzeits- und Geburtsanzeigen. Jaume Massó Torrents, der auf einer von ihnen figuriert, gründete die Zeitschrift *L'Avenç* (Der Fortschritt), eine der Stützen des Modernisme. Arxiu Històric de Barcelona.

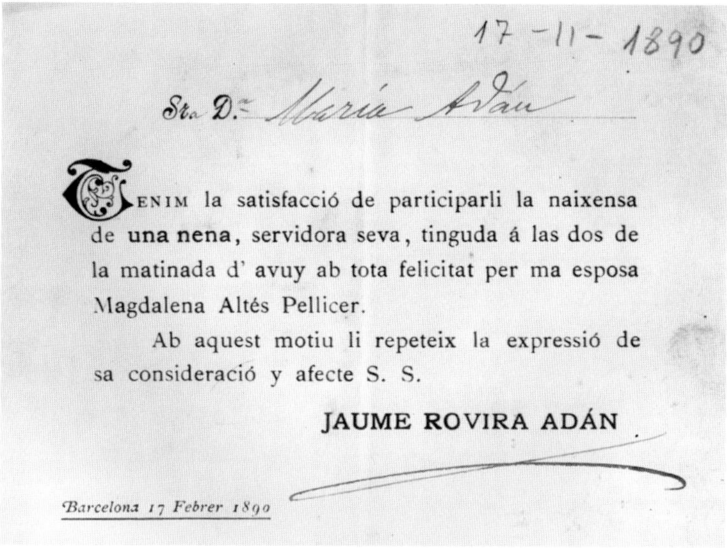

17-11-1890

Sra. D.a María Adán

Tenim la satisfacció de participarli la naixensa de **una nena**, servidora seva, tinguda á las dos de la matinada d' avuy ab tota felicitat per ma esposa Magdalena Altés Pellicer.

Ab aquest motiu li repeteix la expressió de sa consideració y afecte S. S.

JAUME ROVIRA ADÁN

Barcelona 17 Febrer 1890

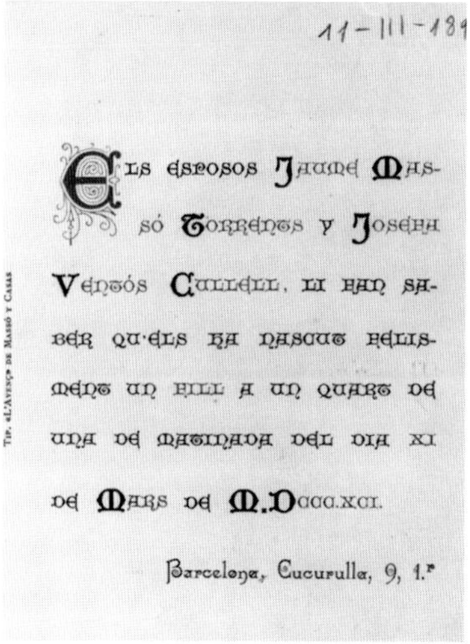

11-III-1891

Els esposos Jaume Massó Torrents y Josepa Ventós Cullell, li han saber qu'els ha nascut felisment un fill a un quart de una de matinada del dia XI de Mars de M.DCCC.XCI.

Barcelona, Cucurulla, 9, 1.r

Tip. «L'Avenç» de Massó y Casas

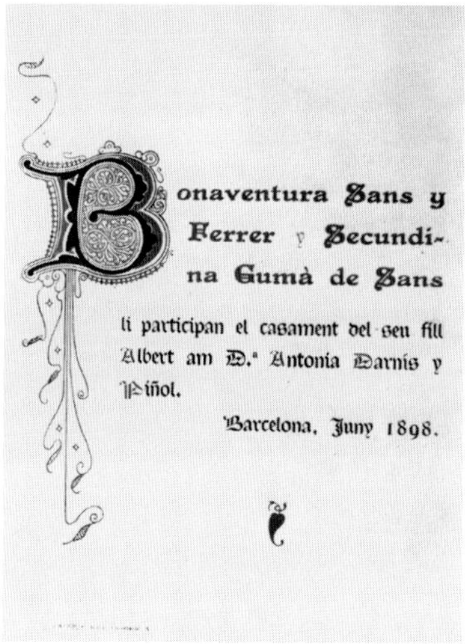

Bonaventura Sans y Ferrer y Secundina Gumà de Sans li participan el casament del seu fill Albert am D.a Antonia Darnís y Piñol.

Barcelona, Juny 1898.

Feiertage wurden mit einem besonderen Essen begangen, bei dem natürlich die für das Ereignis typische Speise nicht fehlen durfte: zu Neujahr die Waffeln, zu San Antonio der gefüllte Blätterteigkuchen, zu San José die Crema Catalana mit dem glasierten Zuckerdeckel, zu San Jaime die Melone, zu Allerheiligen das Marzipangebäck, zu Weihnachten der Turron. Zu San Jorge kaufte man Rosen und zu Santo Domingo einen Henkelkrug.

»Eine Atmosphäre von Eleganz«

Das Liceo und das Gesellschaftsleben

Vielleicht eine der entscheidendsten Veränderungen im Stadtleben bewirkte die Straßenbeleuchtung. Heute sind wir an helle Straßen vom Sonnenuntergang bis zur Morgendämmerung so gewöhnt, daß wir uns nur schwer etwas anderes vorstellen können. Aber Tatsache ist, daß das Tageslicht bis zum 19. Jahrhundert durch nichts ersetzt wurde, so daß die Straßen in mondlosen Nächten vollkommen dunkel dalagen. Unter diesen Umständen ging nach der Dämmerung naturgemäß niemand mehr aus dem Haus, außer wenn es sehr dringend war oder wenn man etwas im Schilde führte. Wer ausgehen mußte, ließ sich von einem Diener begleiten, der eine Laterne und wenn möglich eine Waffe bei sich hatte. Die weniger Begüterten brachen mit einer Kerze, die sie mit einer Papiertüte vor dem Wind schützten, und einem Stock, um sich vor den in der Nacht lauernden Gefahren zu verteidigen, zu dem Abenteuer auf. Diese Gefahren waren höchst unterschiedlich; im Schutz der Dunkelheit trieben sich Diebe umher, und sogar Bluttaten blieben oftmals ungesühnt. Der einzige Schutz, den das Gemeinwesen seinen Bürgern anbot, waren einige Wachen und Nachtwächter, denen neben andern, geringfügigeren Aufgaben die Aufsicht oblag. Erweckte etwas ihren Verdacht (ein Schrei, das Gezeter eines Streits, fliehende Schatten), so hoben sie die Laterne hoch über ihren Kopf, um den Lichtkegel zu vergrößern, schwangen den Stock, riefen Halt, und das war's dann.

Um die Situation zu entschärfen, waren zu Beginn des 19. Jahrhunderts einige Straßen der Stadt mit Öllampen versehen worden, die an von Haus zu Haus gespannten Leinen oder Tauen über der Straße hingen. Das Licht dieser Lampen war nur schwach, und wenn sie sich im Wind wiegten, huschten fantasmagorische, zutiefst beunruhigende Schatten über die Hauswände, aber darüber beklagte sich niemand – der Dunkelheit war alles vorzuziehen.

Später im 19. Jahrhundert wurden die wichtigsten Verkehrsadern der Stadt mit Gas beleuchtet. Tatsächlich war der erste

Programmheft des Liceo-Theaters für die Spielzeit 1907/08. Diese Saison war ebenso abwechslungsreich wie attraktiv: *I Maestri Cantor* (sic), *La Walkyria, Tannhäuser, Manon, Werther, Un Ballo in Maschera, La Traviata, Tosca, La Bohème, Faust, Fedora, Orfeo, Il Barbiere di Siviglia, L'Africana, I Pagliacci, Maria di Rohan, Amleto, Sansone e Dalila, Carmen, Emporium* und *Hensel e Gretel*. Institut del Teatre-MAE.

Versuch mit Gasbeleuchtung 1826 durchgeführt worden, im Innenhof der Warenbörse und mit großen Erwartungen, aber es sollten noch mehrere Jahrzehnte vergehen, bis die Gaslaternen und ihr liebenswürdiges Komplement, der Laternenanzünder, praktisch in der ganzen Stadt zu finden waren. Als es soweit war, veränderten sich die Gewohnheiten der Barcelonesen grundlegend. Dank der relativen Sicherheit bevölkerten sich die Straßen mit Passanten, die durch ihre Anwesenheit wiederum die Sicherheit erhöhten. Die Geschäfte begannen den Ladenschluß hinauszuschieben. In den Jahren nach der Weltausstellung von 1888 blieb ein Laden üblicherweise bis neun Uhr abends geöffnet, sofern er Kundschaft hatte. Während so einerseits die Straßen der Stadt nach Sonnenuntergang an Eigenleben gewannen und die Sitten allmählich »frivol« wurden, verschwanden andererseits das Himmelsgewölbe, die Gestirne und die Mondphasen aus den Augen der Städter.

Natürlich hielt das Gaslicht auch in den Häusern Einzug, so daß die Familienbegegnungen weniger trüb, wenn auch deswegen nicht vergnüglicher wurden. Eine größere Erleichterung bedeutete mit der Zeit die Einführung des Gases in den Küchen. Mit dem Gas im Haushalt ging wiederum eine hohe Vergiftungsgefahr einher. Lange Jahre war Gas auch das von diskreten Selbstmördern meistbenutzte Mittel. Gegen Gasvergiftung – immer in der Annahme natürlich, daß die Opfer noch lebend gefunden wurden – war folgendes verordnet: Beatmung, Sauerstoffinhalationen, Kaffeeklistiere, Senfpflaster im Präkordialraum.

Obwohl das erste Kraftwerk in Katalonien (und in Spanien) aus dem Jahr 1873 stammt und schon 1882 in einigen Barceloneser Straßen elektrische Beleuchtung installiert wurde, mußte noch viel Zeit vergehen, bis die Elektrizität die übrigen Beleuchtungssysteme verdrängte. Wenn von Licht im modernistischen Barcelona die Rede ist, ist das Gaslicht gemeint. Elektrizität war eine rohe Energie, die eher zur Fabrik- als zur häuslichen Welt paßte, etwas höchstens Zusätzliches, zudem Unsolides, eher etwas Merkwürdiges denn Praktisches. Die Kerzen überlebten als Erinnerung an die Vergangenheit, ein kunsthandwerkliches, vergängliches Objekt, eine gemeinsame Allegorie der Seele und des Lebens, die die Industrialisierung in Kirchen und distinguierte Salons verbannt hatte. Bei den berühmten Bällen im Liceo ko-

Romà Ribera, *Nach dem Ball.* Gegen 1894. Öl auf Leinwand, 113 x 65 cm. Museu Nacional d'Art de Catalunya, Barcelona.

Das ursprünglich auf der Plaza del Ángel befindliche Café de la Luna verlegte 1909 seinen Standort auf die Plaza de Cataluña, Ecke Rambla de Cataluña. Das Interieur des La Luna, eines der von Theaterleuten meistfrequentierten Cafés, stammte von Alarma und Moragas, die im selben Jahr mit diesem Projekt den Preis der Stadt für das beste Geschäftslokal erhielten. Dieser Preis wurde seit 1899 für das beste Gebäude vergeben und von 1902 an auch für das beste Geschäftslokal. Fotografie A. Mas. Institut Amatller d'Art Hispànic-Arxiu Mas, Barcelona.

existierten Kerzen und Gaskandelaber mehrere Jahrzehnte. 1887 wurde bei einem Galaball das elektrische Bogenlicht eingeführt, aber erfolglos – die milchige Helle dieser Lampen gab dem Publikum ein leichenhaftes Aussehen, beeinträchtigte Glanz und Farbe der Stoffe und dämpfte das Blitzen der Schmuckstücke. »Lichtbögen, kam man zum Schluß, mögen in Pferdezirkussen oder in Theatern mit Werbevorhängen angebracht sein, nicht aber in Schauspielhäusern, denen man eine Atmosphäre von Eleganz verleihen will«, schreibt Aurelio Capmany in *Das Café des Liceo*.

Das Liceo-Publikum war also schon immer schwer zu befriedigen: Einige Jahre zuvor hatte es sich darüber beklagt, »wie nachlässig die Kerzen in die Leuchter gesteckt worden waren, denn viele von uns verließen den Ort mit fleckenübersäten Anzügen«.

Wenn man vom Barcelona des 19. Jahrhunderts spricht, wird die Bedeutung des Liceo so offensichtlich, daß man manchmal den Eindruck hat, das bürgerliche Barcelona sei von diesem Theater hervorgebracht worden und nicht umgekehrt. Aber seine Geschichte, seine Entstehung und sein wechselhaftes Schicksal sind so eigen wie die Stadt, in der es sich befindet.

Das gegenwärtige Liceo, auf der Rambla de Capuchinos zwischen der Calle San Pablo und der Calle Unión gelegen, nimmt das Grundstück ein, auf dem sich einst das Trinitarierkloster befunden hatte. 1844 hatte die Stadtverwaltung der Sociedad Liceo

Das Café Torino, eine Arbeit von Ricardo Campany nach Entwürfen von Falqués, Gaudí und Puig i Cadafalch. Das Torino, an dessen Ausstattung die bedeutendsten Handwerker dieser Zeit mitwirkten, gewann 1902 den Preis der Stadt für das beste Geschäftslokal. Es gehörte dem Italiener Flaminio Mezzalama, der in Barcelona den Wermut eingeführt hatte, und befand sich auf dem Paseo de Gracia Ecke Gran Vía, wo nach seinem Abbruch der Juwelierladen Roca gebaut wurde, ein Werk der rationalen Architektur von José Luis Sert. Fotografie A. Mas. Institut Amatller d'Art Hispànic-Arxiu Mas, Barcelona.

Das Gebäude des Hotels Terminus, dessen Restaurant auf diesem Foto zu sehen ist, stand in der Calle Aragón, Ecke Paseo de Gracia. 1903 nahm Puig i Cadafalch an dem Haus, das bis dahin Wohnungen beherbergt hatte, einige Umgestaltungen vor, um es zu einem Hotel zu machen, veränderte die Fassadenelemente ein wenig und renovierte das ganze Interieur. Fotografie A. Mas. Institut Amatller d'Art Hispànic-Arxiu Mas, Barcelona.

Filarmónico das Gelände des ehemaligen Klosters, das noch stand, und einen Teil des kleinen Klostervorplatzes abgetreten, so daß das neue Theater, einmal erbaut, seine Frontfassade nach denen der übrigen Häuser in diesem Abschnitt der Ramblas ausrichten mußte. Die Zession löste sogleich eine Flut von Klagen, Einsprüchen und Forderungen aus. Da waren zunächst einmal die, die es satt hatten, mit anzusehen, wie die Stadtverwaltung ohne Sinn und Verstand öffentliche Gelder ausgab, und das Projekt für unsinnig, unnütz oder für ein Verlustgeschäft hielten. Und da sie wußten, daß die geschäftsführende Gesellschaft des Liceo Filarmónico ihre früheren Unternehmungen mit satten

Von Bankier Evaristo Arnús 1888 veranstaltetes Fest zur Unterstützung der Pferdezucht Kataloniens, nach einer Zeichnung von Josep Lluís Pellicer. Dieses seinerzeit vieldiskutierte Fest wurde in den Räumlichkeiten des Teatro Lírico – auch Sala Beethoven genannt – durchgeführt, das Arnús 1881 in der Calle Mallorca beim Paseo de Gracia selbst hatte errichten lassen und das bis 1901 geöffnet war. Arxiu Històric de Barcelona.

Verlusten abgeschlossen hatte, obwohl das ursprüngliche Liceo unentgeltlich einen Teil des Klosters Montesión eingenommen hatte, fürchteten sie, die Aufwendungen am neuen Sitz würden zu geradezu astronomischen Verlusten führen. Dann gab es zweitens die, die durch das Projekt ganz direkt ihre Interessen gefährdet sahen, wie die Hausbesitzer der Calle San Pablo, von denen einer in seiner Eingabe sagte, wenn die projektierte Wand in dieser Straße hochgezogen werde, »nähme man ihm alles Licht, so daß er die Mieten in außerordentlicher Weise senken müßte«. Was er vermutlich nie getan hätte. Drittens gab es die, die sich, ohne praktische Argumente anzuführen, dem Projekt aus weltanschaulichen, abstrakten oder prinzipiellen Gründen widersetzten, wie Don Joaquim Gafas, der unter anderem sagte, »wenn wir nach so vielen Übeln, mit denen der Himmel Barcelona heimgesucht hat, auch noch miterleben müßten, wie eines nach dem anderen die Gotteshäuser abgerissen werden, um zu Theatern, Plätzen und Schutthaufen zu werden, wie es ja zu geschehen pflegt, ohne daß auch nur im geringsten daran gedacht wird, daß uns diese Handlungsweise noch schrecklichere Strafen bringen muß, noch daran, daß, je mehr wir der Sittlichmachung bedürfen, desto weniger Gelegenheit sich uns damit bietet, dann gäbe es mehr als genug Grund, über dieser Stadt, welche doch ein besseres Los verdient hat, weitere unheilvolle Übel zu befürchten«. Diese Opposition gegenüber einem Projekt, das schlagartig zur Achse des gesellschaftlichen Lebens in Barcelona und zu einem seiner Aushängeschilder gegenüber der ganzen Welt werden sollte, darf uns keineswegs überraschen, denn in einer so engen Stadt mußte jede Aneignung von Raum, egal für welchen Zweck und damals wie heute, zwangsläufig Polemiken hervorrufen. Zur selben Zeit war der Stadtverwaltung ein Projekt zur Beseitigung der Ramblas unterbreitet worden, und zwar mit dem Argument, eine so breite Promenade schaffe eine Art unüberwindlichen Graben zwischen den beidseits gelegenen Vierteln, um so mehr, als »es heute ja eine theoretisch und praktisch erwiesene Wahrheit ist, daß die echten Boulevards in großen Ortschaften aus den überbauten Gebieten hinausgeführt werden müssen, wie es bei dem der Fuente Castellana in Madrid und dem des Bois de Boulogne in Paris der Fall ist«.

Müßig zu erwähnen, daß sowohl diejenigen, die sich dem Bau des Liceo widersetzten, als auch die Verfechter der Beseitigung der Ramblas mit dem würdevollsten städtischen Schweigen bedacht wurden, so daß sehr bald das Kloster abgebrochen und das Theater gebaut wurde, dessen Fassade ebenfalls zum Gegenstand der Kritik wurde, wie einem satirischen Gedicht zu entnehmen ist, das »Dem spanischen Architekten, der das Projekt der Hauptfassade des angeblich von einem französischen Theatermaschinisten« entworfenen Liceo-Theaters zu verantworten hat«, gewidmet ist und mit den folgenden Strophen beginnt und endet:

Für ein dickes Geld vom Staat
ist euch die Fassade rabiat
außer Hirn und Hand gelaufen,
als wär damit ein Ruhm zu kaufen.

Die Niete werde ausgepfiffen
die so gar nichts hat begriffen:
mit diesem Streich die Architek-
tur gezogen hat in' Dreck!

Der spanische Architekt, dem dieser in jeder Hinsicht ungerechte Angriff galt, war kein Geringerer als Josep Oriol Mestres, Vater von Apel·les Mestres und einer der wichtigsten Architekten im Barcelona des 19. Jahrhunderts. Ihm ist die Fassade der Kathedrale zu verdanken, die zwischen 1887 und 1890 erbaut und vom Financier Manuel Girona bezahlt wurde. Josep Oriol Mestres bekleidete das Amt des »Kathedralarchitekten«, das es heute noch gibt, und baute das Liceo nach seinem ersten Brand wieder auf. Aber die Angriffe gerieten bald in Vergessenheit – von Anfang an hatte das Liceo bei den vermögenden Barcelonesen einen Erfolg, der selbst die Erwartungen des Unternehmens weit übertraf, das sich jetzt Sociedad del Liceo Filarmónico Dramático Barcelonés de S. M. la Reina Doña Isabel II nannte (Gesellschaft des Barceloneser Dramatisch-Philharmonischen Liceo Ihrer Majestät der Königin Doña Isabella II.). Noch bevor die Abonnements in den Verkauf gelangten, waren sämtliche Logen des ersten Ranges schon vergeben, obwohl ihr Preis von 3000 Duros wirklich exorbitant und mit dem Bau des Theaters noch nicht einmal begonnen worden war. Und als am 9. April 1861 kurz vor Anfang der *Hernani*-Aufführung ein Brand das Theater zu einem großen Teil zerstörte, womit sich die seinerzeitige unheilvolle Prognose des Señor Gafas erfüllte, war die Reaktion dies eine Mal einhellig. »Noch verzehrten die Flammen das Haus, als sich schon der Ausschuß mit einer Kommission Architekten versammelte, um, ohne über die etwaige Höhe der Mittel zu feilschen, für Abhilfe der Katastrophe zu sorgen.« Genau ein Jahr nach dem Unglücksfall, am 20. April 1862, öffnete das Liceo mit der Aufführung von *I Puritani* seine Tore erneut. Es konnte gar nicht anders sein. Diese Wohlstandsgesellschaft emporgekommener Familien, ansässig in einer Stadt ohne hauptstädtischen Charakter, benötigte zur vollen Entfaltung ihres Potentials den komplexen Mechanismus eines Hofes oder, wo es den nicht gab, einer Stätte, deren Struktur die komplizierte gesellschaftliche Abstufung ihrer Mitglieder spiegelte und in deren Schoß Freundschaften besiegelt, Geschäfte getätigt, Ehen geschlossen und Intrigen geschmiedet werden konnten, das alles in einer günstigen, zugleich öffentlichen und diskreten Atmosphäre. Dort konnte man mit dem frisch erworbenen Reichtum prunken, aber auch alle Schicksalsschläge verbergen und ihr Ausmaß weitgehend reduzieren. Dort konnten unerlaubte Lieb-

Nachdem im Jahr 1900 auf Initiative des Arztes Salvador Andreu die Tibidabo AG gegründet worden war, begann der Tibidabo zu einem der attraktivsten Orte des modernen Barcelona zu werden. Im Jahr nach der Gründung der AG wurden die Blaue Straßenbahn und die Zahnradbahn in Betrieb genommen, die beide noch existieren. Zuoberst auf dem Hügel gab es während der modernistischen Zeit einen Königspavillon aus Holz im Neomudejarstil, der anläßlich des Besuchs der regierenden Königin zur Eröffnung der Weltausstellung gebaut wurde, ferner eine neugotische Kapelle, neben der 1902 der Grundstein zur von Enric Sagnier entworfenen Kirche des Sagrado Corazón gelegt werden sollte, das Fabra-Observatorium, ein der Stadt von seinem Eigentümer Camilo Fabra, Marquis von Alella, geschenktes Werk von Domènech Estapà aus dem Jahr 1904, einen Turm der Allgemeinen Wassergesellschaft von 1902 bis 1905, das Grand Café Restaurant Tibidabo sowie das Internationale Kasino, das auf dem Foto zu sehen ist. Arxiu Històric de Barcelona.

schaften ihre geistige, ja körperliche Linderung finden, ohne daß man sich deswegen auf die Stufe geheimer Rendezvous hinunterbegeben noch deren Gefahren auf sich nehmen mußte, da sie im Gegenteil unter dem Schutz des vormundschaftlichen Blicks der guten Barceloneser Gesellschaft standen.

Trotzdem wäre es falsch, im Liceo nur ein Sammelbecken für die weltlichen Eitelkeiten der Barcelonesen zu sehen. Vor allem war – und ist – es ein Ort der Musik, und der Musik waren die Barcelonesen schon immer sehr zugetan. Aber in Barcelona beschränken sich die Dinge nie auf das Gebiet, das ihnen ursprünglich zugedacht worden ist: Gerade die Musikbesessenheit der Barcelonesen verlieh dem Liceo eine zusätzliche Bedeutung zu

Die Nachahmung alles Französischen durch das Bürgertum des Modernisme machte auch vor den Speisekarten der guten Restaurants nicht halt, die häufig in Französisch gehalten waren. Arxiu Històric de Barcelona.

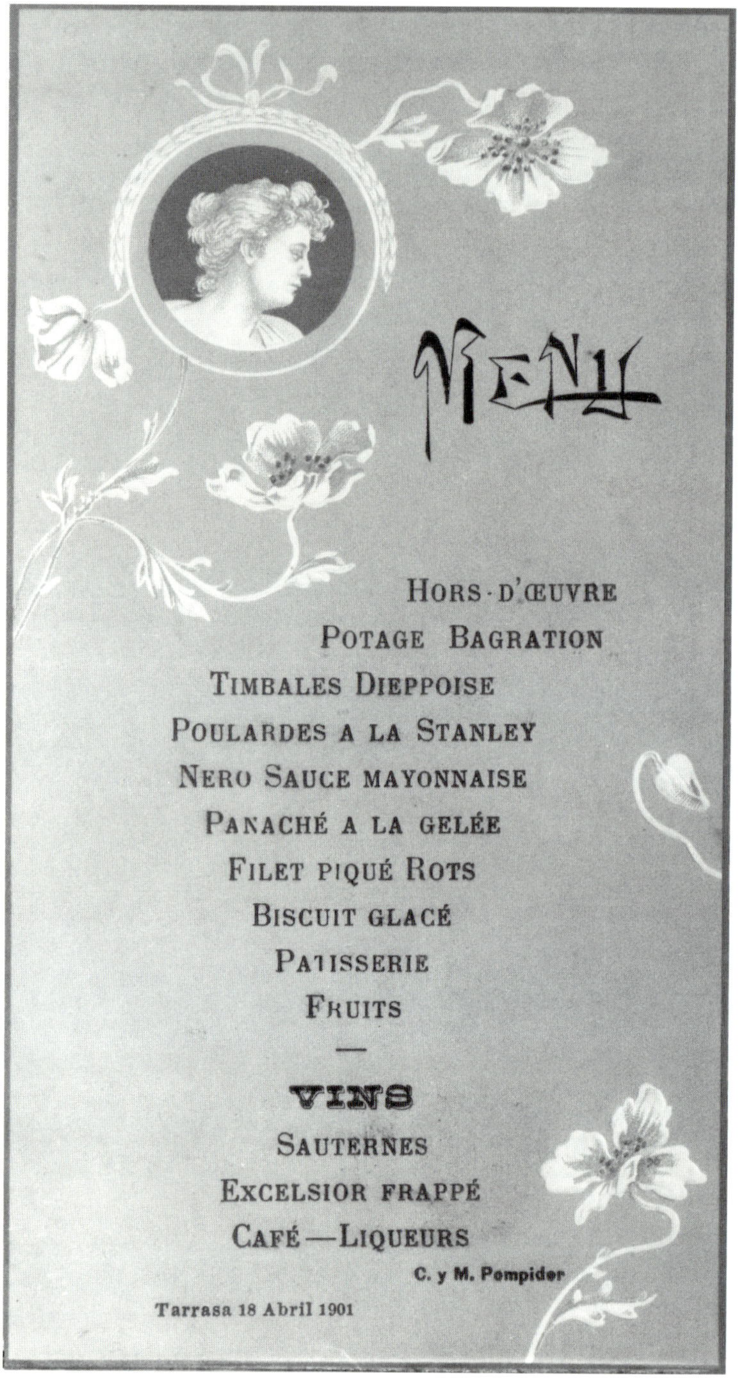

den ursprünglichen, eine neue gesellschaftliche Funktion. Da die Barcelonesen es gewohnt waren, daß die Geschicke des Staates in Madrid und nicht in Barcelona geschmiedet wurden, und in der Überzeugung, daß es alles nur noch komplizierter machte, wenn sie ernstlich irgendwelchen Parteien beitraten, die in Madrid ersonnen und also von ganz unkatalanischem Zuschnitt waren, hatten sie sich dafür entschieden, die Hauptströmungen des Zeitgeistes auf symbolisches, aber lokales Gebiet zu leiten, ihre Passionen dort zu kanalisieren, ihre Probleme im Rahmen des Möglichen dort zu lösen. Und da verschaffte ihnen die Oper mit ihren geballten Emotionen mehrere Jahrzehnte lang einen ebenso tauglichen wie angenehmen Ort der Auseinandersetzung. Durch die Oper konnten sie, manchmal sogar unter Zuhilfenahme des Stocks, die beiden Lebenskonzepte miteinander konfrontieren, die sich ihnen damals als Alternative boten: das prosaisch-sinnliche Leben im Mittelmeerraum, dem sie auf Grund klarer geographischer Gegebenheiten angehörten, oder den sentimental-kämpferischen Idealismus eines zwar nicht genau zu ortenden Nordens, dem sie sich aber, wenigstens relativ gesehen, ebenfalls zugehörig fühlten und der sie unwiderstehlich anzog.

Wie auch immer der einzelne den Ausgang dieses Kampfes empfand, der sich, was die reine Musik anging, zugunsten eines dritten Mitstreiters entschied, nämlich der impressionistischen französischen Musik, die eher mit den ästhetischen Postulaten des Modernisme übereinstimmte – heute können wir das Bild des Modernisme nicht mehr von den Opern Wagners trennen. Wagner war in mancher Hinsicht der Prophet, den Katalonien brauchte, welches er in seiner Bilderwelt durch einen seltsamen Zufall zum Herkunfts- oder Bestimmungsort einiger seiner Helden gemacht hatte – oder gemacht zu haben schien. Das rechtfertigte es für die Katalanen, sich diese Epik anzueignen, die von einer fiktiven Vergangenheit ausging und die Wagner für ein Bayern geschaffen hatte, das ihrer ebenso bedurfte wie Katalonien. Diese archaischen Heldentaten, zusammen mit einer rabiat avantgardistischen Musik, verschafften den Katalanen die Zauberformel, dank deren sie ihre legendäre Vergangenheit mit ihrem Fortschrittsdrang verbinden konnten – eine regelrechte Mythologie der Modernität. Dank der Wagner-Opern sahen die Katalanen des 19. Jahrhunderts, wie sich vor ihren Augen eine

Reklameplakat von Ricard Opisso für das Grand Café Restaurant Tibidabo. Museu Nacional d'Art de Catalunya, Barcelona.

mythische Geschichte abspielte, die die Kunst zu einer universellen machte und mit der sie sich also kollektiv identifizieren konnten. Sogleich erschienen geradezu zwanghaft überall Wagner-Figuren und -Motive, an modernistischen Häusern, in der Bildhauerei und Malerei, in den graphischen Künsten, an den Möbeln und sogar auf Toilettenartikeln. Diese Wagner-Begeisterung war keine Eintagsfliege, ein zahlreiches Publikum wohnte den Aufführungen seiner Opern bei, und zwar mit einer Begeisterung, die uns heute bei einem bürgerlichen Publikum mit eher philisterhaften Neigungen erstaunen mag. Aber offenbar lag keinerlei Verstellung oder Heuchelei in der Wertschätzung dieser Werke, deren musikalische Qualität unbestritten, die aber schwer zugänglich und vor allem recht weitschweifig waren. Wir haben bereits von der fast jeder bürgerlichen Familie des 19. Jahrhunderts eigenen musikalischen Kultur gesprochen. Bezüglich der Weitschweifigkeit ist daran zu erinnern, daß man damals den Verlauf der Zeit ganz anders wahrnahm als heute. Die religiösen Zeremonien (Messen, Rosenkranzgebete, Bestattungen, Gottesdienste), die einen integralen, fast alltäglichen Bestandteil des Lebens bildeten, wickelten sich noch nicht so rasch ab, und wahrscheinlich wirkten sich solche Zeremonien mäßigend auf die Geduld unserer Vorfahren aus. Früher war eben alles langsamer und schwerfälliger – bis auf einige Tänze, die höllisch schnell waren.

Das Liceo bildete auch den Rahmen für die berühmten Maskenbälle. Damals war die Art, sich zu kleiden, vielfältig und kompliziert, und eine gewisse förmliche Strenge machte die Garderobe zu einer Uniform von Alter, Gesellschaftsschicht, Zivilstand, Beruf und persönlichen Umständen, und all das hatte bei den oberen Zehntausend einen übertriebenen, wenn auch verständlichen Hang zur Verkleidung gefördert, mit der sie für ein paar Stunden auf harmlose Art ihrer Fantasie freien Lauf lassen konnten.

»Doña Josefa Togores de Padellás, Besitzerin des Palasts, gekleidet als altmodische Hofdame und mit wertvollem Schmuck behängt, empfing die Gäste mit der ihr eigenen Liebenswürdigkeit«, berichtet Elisa Vives de Fábregas in ihrem Buch *Das Leben der Barcelonesin im 19. Jahrhundert*. Und sie fährt fort: »Die Frau Gräfin Solterra war verkleidet als Mexikanerin, eine der Señoritas Sentmenat als Matrosin von Biarritz, Señora Vives de Ponte als Hexe, Señora Sovirás als französisches Kartenspiel, Señora Miralda als Anna von Österreich und ihre Nichte als Neapolitanerin, Señora Fraise als Maria Stuart, Señora Bassols

Domènech i Montaner entwarf, wie immer in Zusammenarbeit mit den besten Handwerkern und Bildhauern des Modernisme, die Ausstattung des Hotels España in der Calle San Pablo 9, das noch immer existiert. In diesem Interieur ist der große Kamin im Hintergrund hervorzuheben, ein Werk des Bildhauers Eusebi Arnau, der oft mit den wichtigsten modernistischen Architekten zusammenarbeitete, insbesondere mit Domènech i Montaner und Puig i Cadafalch. Das Hotel España bekam 1903, im Jahr seiner Erbauung, den Preis der Stadt für das beste Geschäftslokal. Fotografie A. Mas. Institut Amatller d'Art Hispànic-Arxiu Mas, Barcelona.

als Bäuerin aus dem Norden, Señora Ferreter und eine weitere Señora Bassols als *Wahnsinn*, Señorita Castelldosrius als Musketierin, eine der Señoritas Ferreter als Zigeunerin, eine als Bauernmädchen aus Macón und zwei als Krakauerinnen. Die Señora Torres als reiche katalanische Bauersfrau und ihre Tochter als Ceres, Señora Rogent als Ungarin und ihre Tochter als Jüdin, die Señora Marquise Fontanellas als kalabresische Bäuerin, Señora Sagarra als *Puffspiel*, Señorita Villalonga als Mephistopheles, Señora Duró de Brichfens als Madame de la Valière, Señora Panella als Mailänderin aus dem Jahr 1651 und ihre Tochter als Hirtin aus alter Zeit, die vier Señoritas Fonollar als altmodische Hofdame, als Mallorquinerin, als Bäuerin aus Portici und als Hirtin zur Zeit Ludwigs XIV., Señora Soler als Marketenderin des Teufels, eine der Señoritas Bassols als Bauernmädchen aus dem Roussillon, die Señoras Brunet, Bardiu und Sicars als Madame Pompadour und Gärtnerin aus der Zeit Ludwigs XV., Señora Desvalls als Inderin, Señorita Bertrán als altmodische Marketenderin, Señora Coma als Schweizer Bäuerin, die Señoritas Sarriera und Milans als Griechinnen, die Señoras Angulo und Bacaro als Hofdamen aus dem 14. Jahrhundert und Señora Dalmases als Polin.« Und sollte jemand in dieser langen Liste einen Beweis für die Liebe zu ausgefallener Kleidung sehen, die man den Frauen zu unterstellen pflegt, fügt Elisa Vives in ihrem Bericht sogleich hinzu: »Bei den Herren gab es womöglich eine noch größere Vielfalt. Stutzer, Schotten, venezianische Senatoren, Krakauer, Adelige vom Hofe Elisabeths von England und Franz I., die Gestalten Heinrichs II. und des Sonnenritters und des Dogen von Venedig, abwechselnd mit Hugenotten, Puritanern und Templern, französische Postillione, Adelige vom Hofe Ludwigs XVI., Araber, neapolitanische Matrosen, Siegelbewahrer, italienische Maler, ehemalige Stipendiaten der Stadt Sevilla und sizilianische Adelige. Einige waren auch verkleidet, wie es gerade kam, und kopierten Figurinen der Bälle der Grand Opéra von Paris.« Gegen die Jahrhundertmitte verlagerten sich diese glänzenden Maskenbälle, die in Privathäusern abgehalten worden waren, ins Gran Teatro del Liceo unter dem Vorwand, »zu Gunsten der Bedürftigen des Armenhauses« Geld zu sammeln. Diese Bälle sollten grundsätzlich einmal pro Jahr stattfinden, wurden dann aber immer zahlreicher und waren bis in alle Einzelheiten reglementiert durch eine Reihe Verfügungen der öffentlichen Ordnung, ex professo erlassen vom obersten politischen Provinzchef.

»ARTIKEL NO. 5. Zugelassen sind sämtliche Personen, die sich einstellen, verkleidet oder unverkleidet, so sie anständig angezogen sind und die Maskerade nicht die Gewandung von Richterstand, Religion, Militärorden noch Uniform von denen nachahmt, die bestimmten Klassen vorbehalten sind; aber niemand darf die Maske auf offener Straße tragen, sondern erst nach den ersten Wachposten des Balles, denn die Behördenvertreter werden den verhaften, der gegen diese Maßregel verstößt...

ARTIKEL NO. 6. Es wird nicht zugelassen, daß Männer sich als Frauen verkleiden noch diese sich als Männer; und jeder Zuwiderhandelnde wird durch sofortige Verfügung vom Balle verstoßen.

ARTIKEL NO. 7. Bestraft wird, wer, mit oder ohne Maske, einen anderen mit satirischen Reden schmäht, und seien es auch scheinbar unerhebliche Sätze, und wer sich mit Taten oder Worten produziert, die gegen die Moral oder den öffentlichen Anstand verstoßen.

ARTIKEL NO. 8. Nur die obersten Zivil- und Militärbehörden (...) dürfen Waffen oder Stock tragen, und bleibt ihr Gebrauch männiglich untersagt, welcher Klasse auch immer er angehöre.

ARTIKEL NO. 9. Es wird nicht zugelassen, daß mit Glocken, Trompetchen oder anderen Instrumenten oder mit Fußtrampeln, Pfiffen und anderen unflätigen Aktionen Lärm veranstaltet wird, um Rigaudons, Kontertänze et cetera sich abwechseln zu lassen, noch brüske Bewegungen zu vollführen, die Schaden anrichten können, noch so zu tanzen, daß die Schicklichkeit verletzt wird, noch mit unziemlichen Haltungen oder Schritten. Wer eine der genannten Verfehlungen begeht, wird durch sofortige Verfügung vom Balle verstoßen.

ARTIKEL NO. 10. Ebenso wird verstoßen, wer in den dem Tanze vorbehaltenen Räumen oder außerhalb derer raucht, die zu diesem Zwecke bezeichnet worden sind, um dem Publikum Ungemach zu ersparen.«

In ihren glanzvollsten Momenten wurden diese Bälle von einem Orchester aus »90 Berufsmusikern, 30 Kriegstrompeten und 20 Trommeln« unterhalten. Zusätzlich zu dieser überraschenden Fülle an Trompeten und Trommeln verfügte das Orchester noch über ein kurz zuvor von Antoine-Joseph *Adolphe* Sax erfundenes Messinginstrument, das unter dem Namen Saxophon bekannt wurde. Die dargebotene Tanzmusik war höchst vielfältig: Rigaudons, Walzer, Polkas, Galoppe und, um die Veranstaltung gebührend zu beschließen, »ein großer, monströser Teufelsgalopp«.

In den achtziger Jahren setzte eine Zeit des Niedergangs dieser Bälle ein, der sich mit der Zeit noch verstärkte. In den ersten zehn Jahren des 20. Jahrhunderts fanden sie zwar noch statt, aber mit immer weniger Teilnehmern, die Stimmung war nicht mehr zu vergleichen, und die Verkleidungen hatten ihre ehemalige Pracht eingebüßt. »Es hieße in der Wüste predigen«, klagt ein zeitgenössischer Chronist, »wollte man die vermummten Damen bitten, für ihre Gruppe auf die am Halse festgebundenen Unterröcke und die häßlichen weißen oder rettichfarbenen Baumwollmieder zu verzichten.« An diesem Niedergang mochte verschiedenes schuld sein: Eine neue Generation setzte ihre eigenen Bräuche durch, und für diese Generation war das Liceo das lebende Symbol des Modernisme, eines Stils, den man bereits zu verabscheuen begann; jetzt wurden die Bälle in öffentlichen Salons organisiert, die weniger zeremoniös und nicht mehr so stark besucht waren, also dem Geschmack der jungen Menschen eher entsprachen. Die Zeiten hatten sich in vieler Hinsicht geändert: Obwohl die jungen heiratsfähigen Mädchen noch immer im Liceo der Öffentlichkeit vorgestellt wurden und viele von ihnen auf den Märchenprinzen warteten, der ihre Träume erfüllen und gleichzeitig alle ihre praktischen Probleme lösen sollte, war die Ehe, wenigstens in der Theorie, für eine anständige Frau allmählich nicht mehr die einzig denkbare Wahl.

»Ins Haus und ans Krankenbett«

Die Rolle der Frau

Der Barcelonese, der im vorletzten Jahrzehnt des vorletzten Jahrhunderts auf die Welt kam und es schaffte, auf ihr zu bleiben, war Zeuge großer Veränderungen auf dem Gebiet der Medizin, beim Fernsprechwesen, Auto, Flugzeug und so weiter. Doch die größten Sprünge machte der wissenschaftliche Fortschritt nicht in Barcelona, weder in seinen Fabriken noch in seinen Hörsälen. Er erreichte die Stadt von außen und fast immer mit einer gewissen Verspätung. Die Veränderungen, denen der Barcelonese direkt beiwohnte, sollten in seinem eigenen Haus, in seiner Stadt und seinem Leben geschehen.

Es heißt immer, in jenen Jahren habe sich nichts so radikal und entscheidend verändert wie die gesellschaftliche Stellung der Frau. In bezug auf Barcelona stimmt diese Aussage, aber sie muß vorsichtig nuanciert werden. Die Veränderung war eher qualitativer als quantitativer Natur — sie war zwar sehr wichtig, kam aber kaum zur Geltung, nur in einigen Einzelfällen und einer gewissen grundsätzlichen Einstellung, die eine Veränderung vorbereitete, welche letztlich doch nicht wirklich eintrat.

Am Anfang dieser Periode zeichnete sich die Rolle der bürgerlichen Frau, wenigstens scheinbar, durch Unterwürfigkeit und geistige Beschränktheit aus: Da ihr jede Bildung fehlte, konnte sie sich an keiner öffentlichen Aktivität beteiligen, hatte ihrem Ehemann blind zu gehorchen, und ihre Aufgaben beschränkten sich auf eine unaufhörliche Fortpflanzung, die Kindererziehung und die direkte oder indirekte Haushaltsführung. Natürlich mäßigten das individuelle Temperament, die Beziehung zwischen den Gatten und andere persönliche Umstände diese drastische Situation ein wenig. Außerdem wies das Stadtleben noch viele Züge eines Landlebens auf, in dem die Frau eine aktivere, dominierendere Rolle gespielt hatte und weiterhin spielte. Manchmal ergab es sich auch, daß eine Frau auf Grund der seltsam verschlungenen Wege des katalanischen Rechts zu einem großen Vermögen oder Besitz kam, was sie dank der Gütertrennung zu einem höchst bedeutenden Element in der Familienstruktur

Lluís Masriera, Anhänger. 1906. Saphire, Gold, Email, Diamanten und Perle. Privatsammlung, Barcelona. © Gasull Fotografía. – Die Aufwertung des Kunstgewerbes durch den Modernisme sowie das Bestreben des Barceloneser Bürgertums, alle äußeren Zeichen seiner Macht zu potenzieren, förderten zwangsläufig die Entwicklung der Goldschmiedekunst, die in Katalonien bereits eine lange Tradition hatte und in dieser Zeit ein sehr hohes Niveau er reichte. Ihr wichtigster Vertreter war Lluís Masriera, der dank der Kombination der Technik von Limoges mit dem Einfluß von René Lalique durchsichtige Emailarbeiten mit überaus zierlichen Goldreliefs kreierte, aus denen modernistische Schmuckstücke wie dieses entstanden. Solche Geschmeide weisen die üblichen Eigenschaften dieser Bewegung auf: Freiheit in der Komposition, gebogene Linien, Polychromie, Prädominanz von Flora, Fauna und weiblicher Gestalt. In den Ateliers von Masriera wurden die Schmuckstücke, von denen viele mit Gelenken versehen waren, um sich dem Körper der Trägerin anzuschmiegen, von A bis Z in Handarbeit hergestellt, wie es in England William Morris und die Bewegung von Arts and Crafts empfohlen hatten. Wie auch auf anderen Gebieten des künstlerischen Modernisme trat die modernistische Goldschmiedekunst erst einige Zeit nach der Wende zum 20. Jahrhundert auf.

Lambert Escaler, *Winter*. 1903. Terrakotta, farbig glasiert. 40 x 2,5 cm. Museu Nacional d'Art de Catalunya, Barcelona.

machte. All das verschaffte ihr, zusammen mit einem uralten, heimlichen Matriarchatssystem, innerhalb ihrer Einschränkungen einen gewissen Machtspielraum.

Trotzdem hielt Ende des 19. Jahrhunderts weiterhin jedermann die Ehe für das natürliche Los der Frau und in der Praxis wenn nicht für ihre einzige Überlebensmöglichkeit, so doch für die einzige Alternative zu einem trüben, nutzlosen Ledigenleben. Die Wahl des Ehegatten war von allerhöchster Bedeutung, und ein aus der Verblendung heraus begangener Fehler konnte fatale, nicht wiedergutzumachende Folgen haben. Die Frauen heirateten jung und hatten sehr bald gewissermaßen auch keinen Wert mehr auf dem Heiratsmarkt. Einer Frau, die ledig die Dreißig überschritten hatte, blieb bezüglich ihrer Zukunft nur sehr wenig Hoffnung. Da also das heiratsfähige Alter nicht mit dem Alter der Vernunft übereinstimmte, mischten sich die Eltern in die Wahl des künftigen Mannes ein, indem sie alles ausschlossen, was ihr Mißtrauen weckte, den Verführer, den Mitgiftjäger und den Windbeutel. Aus diesem Grund gab es so viele Ehen sehr junger, fast noch halbwüchsiger Frauen mit bejahrten Männern, die schon genug Gelegenheit gehabt hatten, ihre Rechtschaffenheit und Solvenz unter Beweis zu stellen. Die Liebe, dachte man, komme später dann schon, mit dem Umgang und dem Zusammensein, mit einem ganzen Leben, in dem Freud und Leid geteilt wurden.

Natürlich war nicht jede Verbindung eine Vernunftehe, aber Zweckmäßigkeit war bei einer Heirat in jener Zeit mehr als heute ein gewichtiger Faktor. Vielleicht scheinen die Hochzeiten aus diesem Grund damals für alle ein Anlaß zu großer Freude gewesen zu sein, außer für die Eheschließenden, insbesondere die Braut, die diese Sakramentsbarriere in größter Verwirrung und Angst überstieg und sich erstmals bewußt wurde, daß die erhitzten französischen Romane, die sie im verborgenen gelesen hatte, ihr überhaupt nichts beigebracht hatten. In dieser Stimmung brach sie zu den Flitterwochen oder dem »Honigmond« auf, der so genannt wurde, weil man damals glaubte, Honig fördere die Zeugungsfähigkeit des Mannes und die Tage nach der Hochzeit seien günstig für seinen Verzehr. Ob dieser biologische Sachverhalt nun stimmte oder nicht — war die Frau erst einmal verheiratet, dann fraßen sie die Mutterschaft, der Haushalt und seine Pflichten auf, und sie ging nur noch aus religiösen Gründen oder an Feiertagen aus dem Haus.

Aber in jener Zeit ungewöhnlicher Veränderungen wandelte sich allmählich und manchmal kaum wahrnehmbar sogar die eiserne Institution der Ehe. Die technischen Fortschritte einerseits, vor allem aber eine größere Vielseitigkeit von Dienstleistungen von seiten der Stadt nahmen der Frau nach und nach einige häusliche Bürden ab, so daß sie zunehmend über mehr Freizeit verfügte. Die verbrachte sie im allgemeinen mit Spaziergängen, Klatsch und Einkaufsbummeln, drei Beschäftigungen, die zumindest ihren Horizont erweitern halfen, wenn auch nur im buchstäblichen Sinn.

Wie nicht anders zu erwarten, hatte die für das Leben in der Stadt so wichtige Weltausstellung von 1888 ihre Spuren auch auf diesem Gebiet hinterlassen, das mit ihr zunächst nichts zu tun hatte. Bisher hatte sich die Frauenarbeit, abgesehen von Feld und Fabrik, auf einige wenige Betätigungen beschränkt: als Hausangestellte, Wäscherin, Büglerin und Näherin, als Verkäuferin auf dem Markt, in Bäckereien und Milchgeschäften. Alle anderen Beschäftigungen befanden sich in Männerhand. Aber für die Ausstellung wurden um der Modernität willen einige junge Mädchen als Hostessen fürs Publikum eingestellt. Als sie zu Ende war, behielten einige von ihnen ihre Stelle für ähnliche Tätigkeiten und als Teil der Belegschaft ihrer Arbeitgeber. Zweifellos ein bescheidener Schritt, aber ein Präzedenzfall von außerordentlicher Tragweite, der natürlich erbitterte Kritiken auslöste. »Es gibt wohl kein menschliches Gefühl, das sich nicht empört, um die Firmen zu verdammen, die mit ihnen [den Frauen] spekulieren, indem sie sie verblenden, um sie dann abzustumpfen, und das bei einem Hungerlohn«, riefen die, die vor den Gefahren warnten, welche die Vernachlässigung des Haushalts durch die Frauen in sich barg. »Ich kann nicht verstehen, daß gegen solchen Mißbrauch kein Kreuzzug organisiert wird«, fügte Vicente Martín in seiner *Moralischen Enzyklopädie für christliche Señoritas* hinzu. Glücklicherweise fand gegen die Frauenarbeit nicht nur kein Kreuzzug statt, sondern allenthalben wurden, der Zeit angemessener, Stimmen laut, die sich für sie einsetzten. Eine Frau, die arbeitete, fanden diese, sei weit davon entfernt, ihre Ehre zu gefährden, wie die Fortschrittsverleumder prophezeiten, sondern schütze sie vielmehr, denn die durch eine bezahlte Tätigkeit erlangte wirtschaftliche Unabhängigkeit verringere das Risiko, aus Not oder Habsucht einen Fehltritt zu be-

Die Baronin Quadras mit Tochter im Wohnzimmer ihres Hauses, einem Werk von Puig i Cadafalch aus dem Jahr 1904 in der Diagonal 373, bei der Calle Pau Claris. Fotografie A. Mas. Institut Amatller d'Art Hispànic-Arxiu Mas, Barcelona.

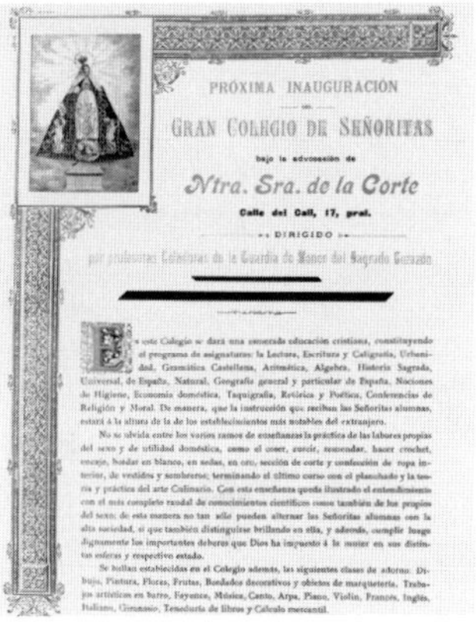

Informationsbroschüre zum Lehrplan einer Mädchenschule. Die nahezu erschöpfende Liste von Fächern läßt schwer feststellen, was für eine Art Ausbildung die Mädchen an dieser Schule tatsächlich erhielten. Sie war zweifellos gut gemeint und sich des Wandels bewußt, den die Stellung der Frau damals erfuhr, aber diesbezüglich doch etwas unentschieden. Arxiu Històric de Barcelona.

Romà Ribera, *De Soirée*. Gegen 1884. Öl auf Leinwand. 60 x 79,5 cm. Museu Nacional d'Art de Catalunya, Barcelona. – Dieses Bild mag als Beispiel stehen für die Malerei nach dem Geschmack des Barceloneser Bürgertums jener Zeit, bevor sich die von Casas und Rusiñol eingeführte Veränderung durchsetzte. Es handelt sich um unbedeutende Werke, maltechnisch zwar hochstehend, aber in keiner Weise innovativ. Das Wichtigste an ihnen ist das Thema, der Bildinhalt, normalerweise Genreszenen und Landschaftsbilder oder Seestücke, objektive Realitäten, in denen die Zeit stehengeblieben zu sein scheint.

gehen. Diese im Grunde anfechtbare Argumentation spiegelt einen Wandel in der Mentalität wider, dem sich, vorsichtig, aber überzeugt, die große Mehrheit der Barceloneser Bevölkerung anschloß. Die Philippiken derer, die forderten, die Frau gehöre »ins Haus und ans Krankenbett«, stießen im Barcelona der Jahrhundertwende auf ein nur geringes Echo.

Anfang des 20. Jahrhunderts warnten die Bildungsbücher für junge Mädchen aus gutem Haus nicht mehr vor den Gefahren von Tanz und verderblicher Lektüre. Im Gegenteil, auch wenn sie noch immer großen Wert auf eine gefällige äußere Erscheinung der Frau legten, betonten sie doch, daß diese Anmut vor allem von der Hygiene auszugehen habe. Auch waren sie für die gleiche Erziehung von Jungen und Mädchen (obwohl diejenige für letztere vervollständigt werden mußte durch eine Haushaltsunterweisung, die in vielen Fällen alles andere überdeckte), für die Frauenarbeit und sportliche Betätigung.

In diesen Jahren steckte der Sport als Ereignis oder Wettkampf

noch in den Kinderschuhen. Von alters her gab es die Jagd, die damals niemand in dem Sinn als Sport bezeichnet hätte, wie wir das Wort heute gebrauchen. Großer Beliebtheit erfreuten sich die Pferderennen, die im Hippodrom durchgeführt wurden, welches 1883 im Viertel Can Tunis am Fuß des Montjuïc eingeweiht worden war, und die ein eher gesellschaftliches denn wettkampfmäßiges Geschehnis darstellten. Obwohl in dieser Zeit die ersten Fußballmannschaften entstanden, war dieser Sport noch längst nicht das Massenereignis, zu dem er wenige Jahrzehnte später wurde. Noch weniger Interesse weckten Pelota oder Tennis, das man Ende des 19. Jahrhunderts – ohne Publikum – zu spielen begann (der Tennisclub Barcelona wurde 1899 gegründet). Ferner gab es das Reiten, das Fechten und die Regatten. Es braucht nicht eigens erwähnt zu werden, daß Frauen, mit ans Skandalöse grenzenden Ausnahmen, nur am Reiten und an der Jagd teilnahmen, und auch das nur unter großen Opfern, denn sie mußten es in einer ebenso unpraktischen wie peinlichen Aufmachung tun. Fotos aus jener Zeit zeigen uns Frauen, die für die Jagd ein langes Kleid aus dickem Stoff tragen, an dessen Saum natürlich aller Staub und sämtliches Gestrüpp des Landes haftenblieb, dazu waren sie mit einem Patronengürtel und einer Ledertasche ausgestattet und umklammerten eine doppelläufige Flinte, die Kiefer zusammengepreßt, die Lider halb geschlossen und die Stirn gerunzelt – ein Gesicht, das geradezu nach einem kräftigen Schnauzbart zu schreien scheint.

Wie man sieht, ging die Befreiung der Frau letztlich nicht über die reine Abstraktion hinaus. Zu den Ausnahmen gehören dieje-

Ramon Casas, *Echo der Fêtes de Toulon.* 1900. Bleistift, Feder, Aquarell und Gouache. 15,5 x 11 cm. Museu Nacional d'Art de Catalunya, Barcelona.

Santiago Rusiñol, *Romantischer Roman.* 1894. Öl auf Leinwand. 140 x 221,5 cm. Museu Nacional d'Art de Catalunya, Barcelona.

Ramon Casas, *Syphilis*. 1900. Museu Nacional d'Art de Catalunya, Barcelona.

Die neuen Gebräuche des Bürgertums und besonders die immer stärkere Einbindung der Frau ins aktive gesellschaftliche Leben ließen eine Reihe von Geschäften aufblühen, die zu früheren Zeiten keinen solchen Aufschwung erlebt hätten: Juwelierläden, Parfümerien, Pelzgeschäfte, Schneidereien, Weißwarenhandlungen usw. Die Parfümerie Ideal befand sich in der Gran Vía 642 und öffnete ihre Türen 1903. Ihre prachtvolle Einrichtung, großenteils aus Gußeisen, trug ihr beim alljährlich von der Stadt durchgeführten Wettbewerb für die beste Ausstattung eines

nigen Frauen, die sich mit unterschiedlichem Einfluß den damals in Barcelona aus dem Boden schießenden Künstler- und Intellektuellenkreisen anschlossen, wenn auch ihre Anwesenheit in den Chroniken kaum oder allenfalls am Rande wahrgenommen wird und eher im Zusammenhang mit einer möglichen persönlichen Beziehung zu einem Intellektuellen oder Künstler denn aus eigenem Verdienst. Darüber sollte man sich nicht gleich aufregen: Abgesehen von den Genies, deren Erscheinen bis zu einem gewissen Grad zufällig ist, erntet eine Gesellschaft nur die Früchte, die sie gesät hat, und der Nährboden, dem die Barcelonesinnen jener Zeit entsprossen, war dem Talent und seiner Entfaltung nicht förderlich.

Weitere, traditionellere Ausnahmen bildeten diejenigen Frauen, die ihre Reize für den eigenen sozialen Aufstieg oder den ihres Mannes einsetzten oder einfach dazu, gelegentlich einen Zuschuß zu erhalten oder sich erfolgreich aus einer finanziellen Klemme zu helfen. Den Umgang mit solchen Frauen, deren Abenteuer der Hauptgesprächsstoff in den Salons waren, mieden die ehrbaren Damen wie die Pest. Alle verstanden und bemitleideten eine Marguerite Gautier, aber im Alltag verkehrten sie lieber nicht mit ihr. Je mehr Erfolg solche Frauen mit ihrer fehlenden Sittsamkeit zu haben schienen, ein desto katastrophaleres

Ende in Elend und Verlassenheit sagte man ihnen voraus. Später pflegte die Wirklichkeit diesen Prophezeiungen zu widersprechen – zur Verwirrung derer, die dachten, die Verteilung von Belohnung und Strafe zwischen Tugend und Laster sei immer gerecht, abgemessen und unerbittlich.

Es fehlte auch nicht an Frauen, die sich ihres Sexappeals nur dazu bedienten, um recht und schlecht gegen das Verhungern anzukämpfen. In diesem Barcelona, gleichzeitig Meerhafen und Stadt mit großem Zulauf aus den Provinzen, war die Nachfrage nach Prostitution groß und, aus andern Gründen, ebenso das entsprechende Angebot. Schon 1867 hatten die Behörden eine Verordnung zu Überwachung und Gesundheitswesen der Barceloneser Prostituierten veröffentlicht, deren erläuterndem Teil folgende Grundsatzerklärung voranging: »Wenn auch die Prostitution toleriert wird, so werden indessen doch Verfügungen erlassen, mit denen sie beseitigt werden kann.« Danach machte der Gouverneur darauf aufmerksam, daß »dieser Provinzregierung der Zustand des widerlichen Lasters der Prostitution in dieser Stadt schmerzlich aufgefallen ist, und mit dem Ziel, die beklagenswerten Folgen, die sie für die öffentliche Gesundheit nach sich zieht, so weit wie möglich zu lindern, habe ich bestimmt, daß folgende Anordnungen gelten«. Diese Anordnungen bestanden in der Schaffung einer Ärzte-Hygieniker-Kommission, der die periodische Überwachung des Gesundheitszustands der Prostituierten und der hygienischen Bedingungen in den Etablissements oblag, wo sie ihren Beruf ausübten. So verfügte Artikel 8 der Verordnung, »daß es zu ihrer Pflicht gehört, in den Bordellen für sämtliche für die Sauberkeit der Prostituierten erforderlichen Gegenstände zu sorgen, wie Klistierspritzen, Essig, Tücher, Waschbecken und so weiter«. Im Gegensatz zu dem, was den bürgerlichen Damen widerfuhr, die zu Geld oder andern Vorteilen kamen, indem sie mit der gebotenen Sittlichkeit allzu leichtfertig umgingen, nahmen die Prostituierten, auf die die genannte Verordnung gemünzt war und die, obwohl ohne Gewinnstreben, gegen die Konventionen handelten, normalerweise ein elendes und offensichtlich gräßliches Ende. »In einem anderen kleinen Zimmer desselben Hauses«, heißt es in dem Bericht *Die ungesunden Wohnungen in Barcelona* von Pedro García Faria, »lag eine arme junge Frau, die von dem Manne verlassen worden war, der sie entehrt hatte. Sie war

Lokals eine »lobende Erwähnung« ein. In diesem Jahr hatte den Preis Domènech i Montaner für das Hotel España gewonnen. Fotografie A. Mas. Institut Amatller d'Art Hispànic-Arxiu Mas, Barcelona.

Joan Llaverias, *Internationale Ruderregatten*. 1902. Museu Nacional d'Art de Catalunya, Barcelona. – Der Wassersport, insbesondere Rudern und Segeln, war den vermögenden Schichten vorbehalten. Nicht nur seine intensive Ausübung, sondern auch die Mitgliedschaft in dem 1902 gegründeten Real Club Marítimo von Barcelona verlieh dem Barceloneser Bürgertum Prestige.

das Opfer einer galoppierenden Hämoptysis, die in kurzer Zeit ihr schönes Gesicht entstellte; die Unglückliche lag auf einem Bett in einem ungelüfteten Raum, der so dunkel war, daß man zu jeder Tagesstunde das Licht brennen lassen mußte, obgleich sämtliche Türen und Fenster der genannten Wohnung weit offen waren.«

»1830er und andere Krawatten«

Die Kleidung

Beim Versuch, eine vergangene Epoche zu beschreiben, sind wenige Themen so trocken und langweilig wie das der Kleidung und ihrer Entwicklung. Vor allem ist es schwierig, ein vernünftiges Gleichgewicht zu finden zwischen denen, die in der Mode nichts weiter als eine Summe von Grillen und Eitelkeiten sehen, und denen, die auch der letzten Falte oder Klöppelspitze der Garderobe Nützlichkeit und Sinn unterstellen. Wahrscheinlich haben beide Seiten abwechselnd recht: Viele dieser Details, die ursprünglich einem praktischen Zweck dienten, verloren ihn am Ende und überlebten als reine Schmuckelemente; andere entstanden aus einer ästhetischen Absicht oder als Klassenmerkmal, Symbol von Vornehmheit oder sichtbares Zeichen des Reichtums; wieder andere schließlich hatten zwar ebenfalls diesen Ursprung, wurden dann aber einem Zweck zugeführt, für den sie nicht geschaffen worden waren. Natürlich sind diesem Durcheinander noch das Originalitätsstreben und die Imitation dessen, was man nur vom Hörensagen kennt, die knechtische Kopie der inhaltlosen Form anzufügen. Jedenfalls machte die Garderobe in der fraglichen Zeit aus verschiedenen Gründen radikale Veränderungen durch. Unter diesen Gründen sind die Serienfertigung, die relative Emanzipation der Frau, das Automobil und die Meerbäder hervorzuheben.

Die Serienfertigung erforderte einen Kleidertyp mit einfachen Linien, der maschinell leicht herzustellen war. So entstand das sogenannte »Schneiderkostüm« mit Jacke, langem Rock und Bluse. Die reichen Frauen mieden es tunlich und blieben bei der Haute Couture, obwohl die Stadtbummel, die Benutzung der öffentlichen Verkehrsmittel und das Auto sie auf die Dauer zum Nachgeben zwangen. In den 1880er Jahren war der Rock der Damenkleider so eng, daß sich manche Frauen die Knie zusammengebunden haben sollen, um beim Gehen den Stoff nicht zu zerreißen. In diesem Jahrzehnt waren bereits der runde und der flache Reifrock aus der Mode gekommen, zwei Kleidungsstücke, die ihre Trägerinnen gleichsam zu Möbelstücken ge-

Damen-Nachmittagskleid, 1904 entworfen von María Molist. Museu Tèxtil i d'Indumentària, Barcelona.

macht hatten. Dagegen hatte sich die Turnüre wieder durchgesetzt, die uns heute ehrwürdig, ja majestätisch erscheint, seinerzeit aber einen Skandal verursachte. Das Wort selbst, spanisch *polisón*, verschwistert mit *polizón*, was blinder Passagier bedeutet, weist auf die hinterhältige Natur dieses Kleidungsstücks hin. Die Turnüre bestand aus einem an der Taille befestigten Drahtgerippe, das einige Kissen trug, die ihrerseits den Rock auf der Rückseite bauschten. Bevor sie verschwand, konnten die Frauen keinen Mantel anziehen, mußten sich also mit Samtcapes vor der Kälte schützen. Pelze waren in Spanien noch nicht üblich, außer zum Füttern sehr warmer Kleidungsstücke, denn das Gerben war noch unbeholfen, was die Pelze in den Kleiderschrank von Eskimos und anderen Wilden verbannte.

Die Garderobe des Mannes zeichnete sich durch Abwechslungsreichtum aus: Gehrock, Cutaway und Frack. Der Smoking war ein eher schlichtes Stück und nur an Familienfesten zugelassen. Der Sakko galt noch als Sportbekleidung, versuchte den Gehrock zu verdrängen und setzte sich beim einfachen Volk durch. Zu ihm konnte man einen steifen Filzhut tragen, zu allem anderen einen Zylinder. Im Sommer setzte man sich einen Canotier auf, einen Strohhut, der vom Wassersport herkam. Ende der achtziger Jahre erschien der Pyjama für Männer, um im Bett die Stelle des Nachthemds einzunehmen.

In den neunziger Jahren hatte der modernistische Stil die Garderobe erreicht. Die Turnüre wurde vom Korsett verdrängt – die Taille hatte die einer Wespe zu sein. Die maßlose Verwendung des Korsetts, das zwar nicht die Lunge, aber das Zwerchfell einschnürte, führte zu Ohnmachten, wenn die Damen einen Schrekken erlebten oder von unkontrollierbarer Erregung gepackt wurden. Es verschönerte nicht nur die Silhouette und schuf auf Grund der genannten Wirkung höchst dramatische Situationen, sondern es schützte auch Männer und Frauen gleichermaßen vor plötzlicher Sinneslust – die Taille einer korsettierten Dame zu umfassen war etwa gleich sinnlich, wie ein Motorrad in die Arme zu nehmen. Da die weiblichen Formen durch das Kleid verändert wurden und ihre Reize den Augen vollständig verborgen und vor Berührung geschützt blieben, waren sie allein eine Sache der Fantasie.

In jener Zeit hatte sich die Zahl der weiblichen Dessous stark reduziert, wie man aus folgender oberflächlicher Liste ersehen kann: kurzes Oberhemd, Korsett, lange, bis zum Knie reichende Hose, Unterrock und Korsettschoner. Diese Wäschestücke bestanden aus Leinen oder Batist und waren mit Stickereien oder Spitzen geschmückt. Über dem eigentlichen Unterrock wurde ein weiterer Unterrock aus Seide getragen, ebensolang wie der Rock und stark verziert, denn beim Gehen war ständig sein Saum zu sehen.

Bei den Männern bekam der Sakko gegenüber dem Gehrock allmählich Oberwasser, so wie auch der Filzhut gegenüber dem Zylinder. Im Sommer trug man weiterhin den Canotier, während sich der Tropenhelm für Fahrradexkursionen anbot. Die Künstler trugen weiche, sehr breitkrempige Filzhüte. Die Pelze wurden schon so behandelt, daß man sie ohne Schande zeigen konnte, obwohl ursprünglich die Männer sie trugen, besonders, um sich im Auto vor Wind und Kälte zu schützen. Zum Abhalten des Staubes, den das Auto aufwirbelte, trugen die Fahrer Staubmäntel, wie sie schon vorher bei den Postkutschen in Gebrauch gewesen waren. 1895 erschien auf den Hosen der Streifen. Die Männer trugen das Haar kurz und mit Festiger, das der Künstler stellte man sich gern lang, zerzaust und schmutzig vor. Bart und Schnurrbart waren sehr verbreitet.

Das folgende Jahrzehnt, das erste des 20. Jahrhunderts, war bezüglich der Bekleidung konfliktgeladen. Ärzte und Feministinnen zogen über das Korsett her, das immer noch getragen wurde, nicht nur, um die Taille schlanker zu machen, sondern auch, um an Festkleidern die Brüste zu vergrößern und hervorzuheben. Grundsätzlich war die Kleidung jener Zeit höchst sittsam, aber selbst heute noch empören uns die Ausschnitte der Galakleider und die Busen, die ihnen entquollen wie Ladentischauslagen. Dasselbe bei der begrüßten Schaustellung des Knöchels: Zwar durfte ihn keine anständige Frau öffentlich zeigen, aber anscheinend krempelten sich auf ihren Strandspaziergängen alle die Röcke bis zu den Knien hoch. Die Mode schließt immer einen Code ein, dessen Schlüssel nur diejenigen kennen, die ihn befolgen und teilen. In diesem Jahrzehnt begannen die Frauen auch, Pelzmäntel und um den Hals Pelz- oder Marabufederboas zu tragen. Die Männer hatten sich definitiv für Sakko und Filzhut entschieden und legten großes Gewicht auf die Accessoires: den Stock, die Krawattennadel und das Monokel, das viele ohne Notwendigkeit trugen, allein weil es dem Gesicht einen sardo-

Damen-Abendkleid, 1909 entworfen von María Molist. Museu Tèxtil i d'Indumentària, Barcelona.

Damen-Nachmittagskleid von 1910/11, das, wie die anderen in diesem Buch abgebildeten Frauenkleider, Anna Vidal de Rocamora gehörte. Museu Tèxtil i d'Indumentària, Barcelona.

nisch-süffisanten Ausdruck verlieh. Einige dieser höchstens am Rande nützlichen und also um so manipulierbareren Accessoires wie Fächer, Stock, Handschuhe und vor allem der Hut waren einer komplexen, strengen Liturgie unterworfen, die uns heute nicht mehr verständlich ist. Der Hut mußte überall und jederzeit dabeisein. Niemand wäre auf die Idee gekommen, ohne ihn auf die Straße zu gehen, genauso, wie es niemandem eingefallen wäre, es ohne Schuhe oder Hose zu tun. Aber im Gegensatz zu diesen war der Hut ein bewegliches, bedeutungsschwangeres Stück, das man bei ganz bestimmten Gelegenheiten aufzusetzen und abzunehmen, zu schwenken oder in die Luft zu werfen hatte. Denkt man über solche Fragen nach, so hat man den Eindruck, daß in jener Zeit die Garderobe und ihre Ergänzungen nicht nur dazu dienten, daß sich die Gesellschaftsklassen unterscheiden konnten und seinesgleichen sich erkannte, sondern auch eine Sprache bildeten, die so reich an Möglichkeiten war wie die Fantasie derer, die sie anwandten, eine Sprache, die wir heute durch andere ersetzt haben und an deren Tonfall wir uns nur noch vage erinnern können.

Im Laufe dieser drei Jahrzehnte erlebte die Mode bei den Arbeitern, wie vorauszusehen war, kaum Varianten: lange, weite, einfarbige oder gestreifte Bluse, Hose, oft mit Flicken, und Mütze. Die Frauen trugen selbstgefertigte Kleider, wenn sie die entsprechende Begabung hatten, und paßten sich so weit wie möglich den Normen an, die die Mode für andere Klassen diktierte.

Als wir die Neuerungen erwähnten, haben wir auch das Automobil und die Meerbäder genannt. Tatsächlich steckte das Auto in der fraglichen Zeit noch in den Kinderschuhen, sollte später aber die Pferdekutschen von den Straßen verdrängen. »Ich habe ein Barcelona nicht nur ohne Autos gekannt, sondern sogar ohne Ahnung von einem anderen Antriebsmittel als Pferde. Jedes Fest, jede Zeremonie dieser Zeit verbindet sich mit dem Anblick der Landauer, Viktorias, Breaks, Mailcoaches und Tilburys«, erzählt Isabel Llorach in ihren Erinnerungen. Und mit nostalgischem Ton fügt sie hinzu: »Wir haben uns an die Eleganz und Geschwindigkeit der Autos gewöhnt, ohne Zweifel, aber wir können unmöglich ohne Rührung an den Paseo de Gracia meiner Jugend denken, an den Karnevalsumzug, der noch durch die

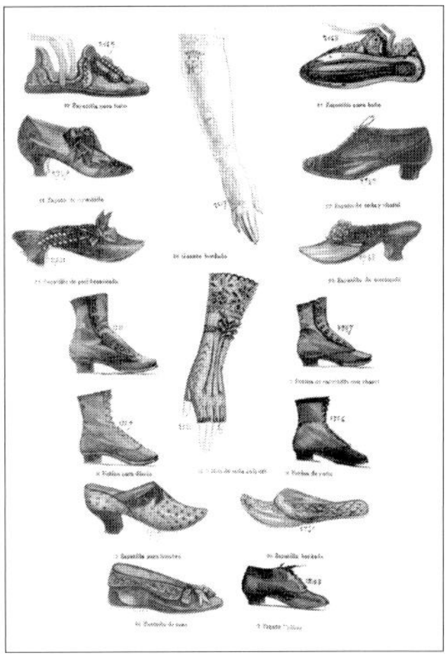

Schuhe und Handschuhe vom Ende des 19. Jahrhunderts. Die Schlichtheit der Straßenschuhe kontrastiert mit der Fantasie der Hausschuhe. Man beachte den Absatz des Männerpantoffels, links, zweiter von unten. Arxiu Històric de Barcelona.

Ende des 19. Jahrhunderts war die Serienherstellung schon von großer Bedeutung. Zudem ist die Garderobe für das Bürgertum des Modernisme eines der äußeren Zeichen, dank denen es sich am leichtesten von den weniger begüterten Klassen abheben kann. Die Herrenmode, die im Verlauf des 19. Jahrhunderts keine großen Änderungen erfuhr – außer denen, die die neuen sportlichen Betätigungen mit sich brachten –, orientierte sich an England. Arxiu Històric de Barcelona.

Ramblas führte, oder an die schlichte, elegante Parade der Kutschen am Santo-Tomás-Tag im Parque de la Ciudadela, die den Weihnachtszyklus eröffnete.«

Heute erscheint es uns unglaublich, aber in der zweiten Hälfte des 19. Jahrhunderts, nachdem die damals »Wellenbäder« genannten Meerbäder seit den sechziger Jahren immer populärer geworden waren, galt Barcelona als Sommerstadt, was zu der paradoxen Situation führte, daß ihre Bewohner sie in den Sommermonaten verließen, während gleichzeitig andere Menschen herkamen, um in den dazu errichteten Anstalten zu baden. Die erste dieser Anstalten war 1856 am Ende der Calle Mayor in der Barceloneta gebaut worden und hieß Werftbäder. Eigentlich bestand sie aus einem Schwimmbecken und mehreren mit Meerwasser gefüllten Marmorwannen. Wer den nötigen Mut aufbrachte, konnte auch direkt im Meer baden; zu diesem Zweck stand den Sommer über eine Holzkabine am Strand, aber damals verstiegen sich nur wenige zu einer solchen Tollkühnheit.

Als man allmählich die Angst vor dem Meer verlor, stellten die Badeanstalten nach Pfahlbauerart einige schwimmende »Zimmer« auf Pfeilern auf, die man vom Strand aus über einen Steg erreichte. In diesen Räumen konnten sich die Badegäste des Strandkleides oder Bademantels entledigen und auf der dem Ufer abgewandten Seite, geschützt vor indiskreten Blicken, ins Wasser tauchen. Die Badeanstalten offerierten ihren Gästen einen umfassenden Service: Abgesehen von den Badehäuschen gab es im Wasser Seile, an denen sich die des Schwimmens Unkundigen festhalten konnten, und das war die große Mehrheit. Ebenfalls gab es Ruheräume, wo sich die Neuankömmlinge vor dem Umziehen entspannen konnten, denn man hielt es für gefährlich, in einem anderen Zustand als dem vollkommener Ruhe zu baden oder sich auch nur auszuziehen. Die Anstalten versorgten ihre Gäste auch mit allem, was fürs Baden erforderlich war: mit Tüchern, Strohhüten, Strandsandalen, Sonnenschirmen, leeren Kürbissen zum Schwimmen usw., nicht jedoch mit Badeanzügen, denn dieses knifflige Kleidungsstück war strengsten Modediktaten unterworfen. In den achtziger Jahren bekamen die Damenbadeanzüge, die bis dahin die Anatomie ihrer Benutzerinnen vollständig bedeckt hatten, allmählich kurze Ärmel, und die Hose durfte bis zur Beinmitte reichen. Der Ausschnitt jedoch war bis an den Hals hinauf geschlossen. Diese Badeanzüge, auf deren Beschreibung wir hier nicht näher eingehen, waren normalerweise mit einem aufgestickten Anker geschmückt. Natürlich entging niemandem, daß die Meerbäder eine sichere Gefahr für die Moral mit sich brachten, gegen die deren Hüter unablässig anwetterten, doch die Wissenschaft hatte festgestellt, daß die Bäder der Gesundheit zuträglich waren, und das hatte die Schlacht ein für allemal entschieden. Aber die Ärzte hatten darauf hingewiesen, welche Vorkehrungen es für diese Betätigung zu treffen galt, und vereinbart, daß der Meerbäder neun genommen werden mußten, keines mehr, keines weniger.

Zur gleichen Zeit und aus denselben Gründen hatte man auch bei sich zu Hause mit dem Baden begonnen, denn zu den Räumen der Wohnung gehörte nun erstmals ein Badezimmer. Die Entdeckungen, die in jenen Jahren auf dem Gebiet der Epidemiologie gemacht wurden, hatten die Wirksamkeit der Hygiene bei der Prävention ansteckender Krankheiten offenbart und wenigstens teilweise die Vorbehalte ausgeräumt, die unsere Vorfahren gegenüber Wasser und Seife hatten. Natürlich erforderte auch diese Art Bäder eine ganze Reihe Vorsichtsmaßnahmen, deren erste darin bestand, nicht vor beendeter Verdauung zu baden, also frühestens drei Stunden nach Einnahme der letzten Mahlzeit, eine Sorge, die uns heute übertrieben erscheint, es angesichts der Menge der damals verzehrten Lebensmittel aber nicht war. Auch das Baden mit verschwitztem Körper galt als gefährlich. In diesem Zustand mußte man äußerst vorsichtig sein, denn vieles war potentiell schädlich: Speiseeis zu essen, kaltes Wasser zu trinken, sich der Zugluft auszusetzen und sogar sich die Hände mit anderem als lauwarmem Wasser zu waschen. Nach dem Baden mußte man sich mindestens eine halbe Stunde hinlegen, »damit der Körper auf äußere Erreger weniger ansprechbar sei«. Die goldene Regel fürs Baden und alles andere war Mäßigung. Hinsichtlich des Sexuallebens empfiehlt ein Anfang des 20. Jahrhunderts in Barcelona publiziertes Handbuch eine Häufigkeit von höchstens zweimal pro Monat, deren Überschreiten zu übermäßiger Energieverausgabung führe. In dieser Beziehung, heißt es weiter, »darf die Gewohnheit, in ein und demselben Bett zu schlafen, nicht widerspruchslos hingenommen werden. (...) Es handelt sich um eine sehr alte Gepflogenheit, (aber) in unserer Zeit sind die Menschen viel nervöser und folglich weniger gemäßigt. Überdies ist der moderne Mensch schwächer und kränklicher.« Aus diesen Gründen, schließt das Handbuch, »sollte man besser in angrenzenden Zimmern schlafen«.

Damen-Nachmittagskleid von 1892. Museu Tèxtil i d'Indumentària, Barcelona.

»Die unspanischste Stadt Spaniens«

Die Beziehungen zwischen Barcelona und Madrid

Entgegen jeder Vermutung fiel der Modernisme nicht mit einer Zeit wirtschaftlichen Wachstums, nicht einmal des Wohlstands zusammen, sondern mit einer schweren industriellen und finanziellen Krise. In Wirklichkeit entwickelte sich die modernistische Bewegung in einer Periode geringer Stabilität und gelangte erst dann zur Entfaltung, als die wirtschaftliche Lage anders war als die, die ihre Entstehung begünstigt hatte. Was diese Epoche historisch gesehen charakterisiert, ist weniger die Fülle als die Ruhe. Daß diese Ruhe gelegentlich durch spektakuläre, dramatische Attentate wie die Bombe im Liceo oder die bei der Fronleichnamsprozession gestört wurde, darf uns nicht täuschen. Der katalanische Bürger wußte, daß solche vereinzelte Aktionen, die man nicht mehr zu fürchten hatte als ein zufälliges Unglück oder eine Krankheit, die öffentliche Ordnung und das reibungslose Funktionieren der Gesellschaft nur schwer aus dem Gleichgewicht bringen konnten.

Das zeigte sich auch im Vergleich zu früheren Epochen. Vor der Restauration (der Wiederherstellung der Monarchie 1874) hatte Barcelona eine turbulente, unsichere Zeit durchgemacht. Vor allem hatte es die drei Karlistenkriege (ab 1833)* erlebt, regelrechte Bürgerkriege, die in Katalonien seit mehreren Jahrzehnten zyklisch und auf undurchschaubare Weise ausbrachen. So grausam sie waren, blieben sie doch von geringer Bedeutung, kein wirklich schwerwiegendes Ereignis, und sie scheinen weder den am Jahrhundertanfang eingeleiteten Industrialisierungsprozeß des Landes behindert noch seinen Ackerbau oder die Viehzucht entscheidend gestört zu haben, die in graue Vorzeit zurückreichten und noch immer auf dem mittelalterlichen System des Landbesitzes und der römischen Technologie basierten. Das wirklich Schwerwiegende der Karlistenkriege lag wie bei fast allen Kriegen in ihren Nebenwirkungen und Folgeerscheinungen.

* Karlismus bezeichnet eine monarchistische Bewegung in Spanien, die seit 1833 eine Seitenlinie des bourbonischen Königshauses favorisiert.

Die schädlichste Nebenwirkung war zweifellos der rasche Griff zur Waffe. In einem fortwährenden Kriegszustand besaß jedermann Waffen, hatte sich mit ihrem Gebrauch vertraut gemacht und fand es ganz selbstverständlich, sie bei der geringsten Provokation einzusetzen. Es gab auch überall in Katalonien, die Stadt Barcelona einbegriffen, ansehnliche Zeughäuser. Beim kleinsten Anlaß wurden Pistolen oder Stutzen gezückt oder explodierten Bomben, und der geringfügigste Konflikt mündete in eine Massenkeilerei.

Die fürchterlichste Folgeerscheinung der Kriege waren die Banden von Soldaten, die sich in die Wälder schlugen, wenn sie durch einen Waffenstillstand plötzlich ohne Sold waren oder aus den eigenen Reihen desertierten und zu Wegelagerern wurden, um überleben zu können. Diese oft zahlreichen Banden machten nicht nur Weg und Steg gefährlich, sondern konnten auch von jedermann für jeden beliebigen Zweck rekrutiert werden.

Nebenwirkungen und Folgeerscheinungen der Kriege hatten logischerweise ein Machtvakuum zur Folge. Madrid, seinerseits ein Opfer politischer Instabilität und andauernder interner Komplotts, Aufstände und Putschs, konnte es nicht ausfüllen, hielt es aber lieber aufrecht, als daß es irgendwelche Befugnisse preisgegeben hätte, die seine wichtigste Daseinsberechtigung bildeten. So war Barcelona allen möglichen Revolutionären, Agitatoren, Sektierern, Spekulanten und aufsässigen Massen ausgeliefert, die überdies mehr als genug Grund zur Unzufriedenheit hatten. Sehr oft ereigneten sich plötzliche Angriffe, erschienen in allen Straßen Barrikaden, kam es zu Konfrontationen mit der Polizei und zu Plünderungen. Diese »Bullangas (›Tumulte‹) von Barcelona« genannten Ereignisse (1835 bis 1837) endeten immer mit einer wechselnden Zahl von Opfern, brennenden Kirchen oder Klöstern und großem Sachschaden. Sie hinterließen auch Ressentiments, Angst und Mißtrauen, was nicht zur Abnahme der Spannungen beitrug. Die »glorreiche Revolution« von 1868 zuerst, in der 1868 Königin Isabella zur Abdankung gezwungen wurde, und danach die Erste Republik* hatten die Gemüter erbittert und vergebliche Hoffnungen geweckt, aber mit keinerlei Maßnahmen die Ursachen der Unzufriedenheit gelindert. In die-

* Die Erste Republik (1873) dauerte kaum elf Monate, hatte vier Präsidenten (Figueras, Pi i Margall, Salmerón und Castelar) und endete mit dem Staatsstreich von General Pavía.

ser Situation schien ganz Spanien kurz vor dem Chaos zu stehen, und Barcelona erst recht. Der katalanische Bürger wußte nicht, was er tun noch wohin er schauen sollte. Mit der Industrialisierung war eine neue Gesellschaftsschicht entstanden, das städtische Proletariat, dessen Forderungen erfüllt oder aber mit Gewalt erstickt werden mußten, und ebendiese Gewalt befand sich, im Gegensatz zum restlichen Europa, nicht in den Händen des Bürgertums, sondern einer Zentralmacht, die von ganz anderen, wenn nicht diametral entgegengesetzten Interessen dominiert wurde.

Tatsächlich benötigte die katalanische Industrie, um gegenüber der Konkurrenz der Produkte aus Frankreich oder England nicht unterzugehen, eine besondere Protektion, die ihr nur die Zentralregierung verschaffen konnte und die in sehr strengen Einfuhrbeschränkungen bestand, eine anachronistische, auf die Dauer nicht aufrechtzuerhaltende Isolierung des Handels. Um das Übel vollzumachen, war dieser von den Katalanen verfochtene Protektionismus auf die übrige spanische Wirtschaft nicht anwendbar, die auf der Landwirtschaft und dem Freihandelssystem beruhte. Die katalanische Wirtschaft und die des restlichen Spaniens (wahrscheinlich mit Ausnahme des Baskenlandes) folgten so unterschiedlichen Wegen, daß die Blütezeiten der einen unweigerlich mit einem Tief der anderen zusammenfielen. Den wirtschaftlichen Antagonismus zwischen Landwirtschafts- und Gewerbesektor, zwischen Land und Stadt, gab es natürlich in sämtlichen Industrieländern, aber im Fall Kataloniens kamen zu diesem Antagonismus noch andere historischer Natur hinzu, die in der kollektiven Erinnerung der Katalanen schmerzlich nachhallten.

Da jedoch von vornherein jeder Emanzipationsversuch von seiten Kataloniens ausgeschlossen war, blieb sowohl Barcelona wie Madrid nichts anderes übrig, als in einer Art unauflöslichem Bündnis weiterzuexistieren, in dem alles darauf angelegt schien, Zwist und Unverständnis zu fördern.

Der Zerfall des Kolonialreichs und die Unfähigkeit der letzten Monarchen hatten aus Madrid einen für den Nichtmadrilenen ebenso pittoresken wie verwirrenden Ort gemacht. In dieses von ruinierten Aristokraten, Bürokraten und Haudegen, drei Kasten, die außer dem Intrigieren und der Verachtung der Arbeit nichts miteinander gemein hatten, bewohnte isabellinische Madrid gelangten nach einer erschöpfenden und gefährlichen Reise in der Postkutsche die Katalanen, einerseits, um ihre Textilien zu verkaufen, anderseits, um sich bei einer einfältigen Regierung Gehör zu verschaffen, deren einziges Ziel damals im eigenen Überleben bestand.

Heute können wir uns die Konfrontation dieser beiden Wesensarten, des Madrider und des katalanischen Charakters, nur noch schwer vorstellen. Die industrielle Revolution in Katalonien war ja nicht von der Aristokratie durchgeführt worden, sondern von Leuten, die vom Land stammten, sich in der Stadt niedergelassen hatten und dann hinsichtlich ihrer Herkunft sehr gespalten waren. Diese Menschen hatten sich ihr Vermögen mit Fleiß und unter Opfern erarbeitet, hatten, auf Kosten von höherer Bildung und Feingeistigkeit, ihre ganze Zeit, Energie und Begabung in die Produktion und Buchhaltung gesteckt und verspürten jetzt zwangsläufig eine Abneigung gegen diese Madrilenen, in denen sie arrogante Parasiten sahen, deren Apathie und Unfähigkeit sie verachteten, während sie sie gleichzeitig um ihre Vornehmheit und ihren Geist beneideten. Gezwungen, sich in einer Sprache auszudrücken, die nicht die ihre war und die ihnen nur schwerfällig und manieriert über die Lippen kam, vorsichtig, wohlerzogen und mürrisch, bildeten die nach Madrid gereisten Katalanen einen schmerzlichen Kontrast zu diesen Madrilenen, deren Forschheit und gewandtes Auftreten Jahrhunderte des Müßiggangs und der Stammtischdiskussion perfektioniert und zugespitzt hatten. Den Madrilenen wiederum waren diese sich so finster gebenden Katalanen unsympathisch, deren Scheu sie für Unfreundlichkeit hielten und deren einziges Interesse dem Geld zu gelten schien. Sie konnten nicht verstehen, daß die Katalanen für das Geld die Achtung und Liebe dessen verspürten, der es unter Mühen vermehrt hat, und nicht die hochmütige Abneigung dessen, der sich im Schatten eines allmächtigen Hofstaats daran gewöhnt hat, daß der Lohn eher von der Freigebigkeit des Gebenden als vom Verdienst des Empfangenden abhängt. Außerdem versteckten nicht wenige Madrilenen hinter soviel zeremoniösem Getue die Not einer Armeleuteexistenz, aus der sie sich hätten befreien können, hätten sie auch nur einen kleinen Teil des Reichtums gehabt, den die Katalanen scheinbar ohne Not und Zweck anhäuften. Die Katalanen wiederum sahen in Madrid das Symbol eines rückständigen, obskurantistischen Spaniens, dem sie unerbittlich angehörten, obwohl sie sich nicht mit ihm identifizieren konnten. Da richteten sie den Blick auf Europa und verzweifelten, als sie die Kultur und das Raffinement Frankreichs, die Effizienz und Tatkraft Englands und die Arbeitsamkeit und Disziplin Deutschlands sahen. Diese Bewunderung ließ sie aber eher ihre eigenen Mängel erkennen, als einen Weg finden, um ihnen abzuhelfen. Gefangen zwischen der Schrekkensvorstellung eines rückständigen Spaniens und der Betrübnis angesichts eines unerreichbaren Europas, igelte sich Katalonien in sich selber ein. Natürlich gab es sowohl in Madrid wie auch in ganz Spanien viele Leute, die diesen Zustand von Unkultur, Rückständigkeit und Mißwirtschaft ebenso oder noch mehr beklagten. Die Katalanen hätten sich mit ihnen zusammenschließen und für das kämpfen können, was man damals »nationale Regeneration« nannte (1868-1874), aber um das zu merken, hätten sie eines Scharfblicks und Gleichmuts bedurft, die über ein Jahrhundert Unterdrückung und Intoleranz längst abgestumpft hatte. Im übrigen war dieses Zaudern nicht nur auf Verwirrung und Groll zurückzuführen, sondern auch darauf, daß so viele Veränderungen in so kurzer Zeit ein grundsätzliches Nachdenken erforderlich machten.

Mitten in diesem ganzen Durcheinander ereignete sich am 28. Dezember 1874 der sogenannte Aufstand von Martínez Campos, mit dem die Erste Republik beendet und in der Person Alfons' von Bourbon die Monarchie wiederhergestellt wurde, dem Sohn der abgesetzten Isabella I., der für kurze Zeit unter dem Namen Alfons XII. regieren sollte. In Katalonien wurde die Restauration mit widersprüchlichen Gefühlen aufgenommen. Sie zu akzeptieren bedeutete, auf das Projekt der föderalistischen Republik zu verzichten, das seinerzeit vielen als die Lösung sämtlicher Probleme erschienen war. Es hieß ebenfalls einmal mehr vor dem Hause Bourbon in die Knie gehen. Als Gegenleistung bot die Restauration aber zwei Dinge, deren das katalanische Bürgertum dringend bedurfte: Frieden und Stabilität. Auch wenn sie von noch so vielen Identitätsproblemen geplagt wurden, hatten die katalanischen Bürger doch immer geglaubt, ganz Katalonien zu repräsentieren – für sie gab es keinen Zweifel, daß Katalonien und Bürgertum Synonyme waren. Jetzt, angesichts der Vor- und Nachteile der Restauration, zögerten sie nicht: die Restauration war vorteilhaft für ihre Interessen, also mußte sie auch für Katalonien vorteilhaft sein. Folglich akzeptierten sie sie, wenn auch nicht ohne heimliche Schuldgefühle. Tatsächlich hatte sie niemand um ihre Meinung gebeten.

Dies eine Mal erfüllte die Restauration ihre Versprechen: Im November 1876 waren die Karlistenkriege definitiv zu Ende, und bis weit ins 20. Jahrhundert hinein herrschte in den Städten relative Ruhe unter der Bevölkerung. Der Preis für die Stabilität war eine Rückkehr zur absoluten Zentralmacht, aber wenigstens im Augenblick waren die Katalanen bereit, diesen Preis zu bezahlen. Paradoxerweise war es gerade die Erstarkung ihrer eigenen Identität, die es ihnen erlaubte, sich in die Lage zu schicken. Sie fühlten sich stark und dachten, sie könnten in Madrid Gehör finden. Es gab auch welche, die vom Optimismus mitgerissen wurden und glaubten, mit der Zeit würde sich Katalonien auf Grund der Logik die Macht aneignen und von Madrid aus für den ganzen spanischen Staat seine politischen und wirtschaftlichen Auffassungen durchsetzen. Jedenfalls war den einen wie den anderen klar, daß der Moment gekommen war, aus Barcelona eine moderne Stadt zu machen. Um das in die Tat umzusetzen, verfügte man über sämtliche notwendigen Ingredienzien: die Notwendigkeit, den Willen, den Geist und die Mittel. Es brauchte nur noch eines, um den Motor der Erneuerung in Gang zu setzen: einen Katalysator.

»Jetzt sind wir Waffenbrüder«

Die Weltausstellung von 1888

Auch aus heutiger Sicht bleibt die Barceloneser Weltausstellung von 1888 ein schwer einzuschätzendes Ereignis, vielleicht, weil die seinerzeit von ihr aufgeworfenen Fragen noch immer nicht vom Tisch sind. Alles, was wir heute von der 1888er Ausstellung wissen, ist unklar, schon ihre Entstehung, die, wenigstens aus unserer Perspektive, nicht nur unklar, sondern unwahrscheinlich ist.

Gemäß der offiziellen Version spielten sich die Ereignisse folgendermaßen ab. An einem Märztag des Jahres 1885 machte ein Mann namens Eugenio Serrano Casanova oder Serrano de Casanova eine Eingabe an die Barceloneser Stadtverwaltung, »mit der Bitte, ihm das notwendige Land des Parks zu überlassen, um die Gebäude und Pavillons zu errichten, die die Produkte sämtlicher Nationen der Erdkugel aufnehmen sollten«. Dieser Vorschlag wurde von Bürgermeister Rius i Taulet »nicht nur mit Gewogenheit, sondern mit Wohlgefallen« aufgenommen, wie im *Diario de Barcelona* vom 4. Juli 1888 nachzulesen ist. Am 18. Juni 1885 segnete das Plenum der Stadtverwaltung das Projekt ab, und sogleich wurde mit Bauen begonnen. Im September 1886 bemerkte die Stadtverwaltung, »wenn auch etwas zu spät«, daß der Konzessionär nicht über genügend Mittel verfügte, um das Unterfangen, das er sich vorgenommen hatte, erfolgreich zu Ende zu bringen, so daß sie beschloß, ihm eine Subvention von 500 000 Peseten zu gewähren. »Aber auch so konnte das Schiff nicht flottgemacht werden, worauf die Stadtverwaltung sechs Monate später, also im April 1887, als das Publikum schon nicht mehr an die Ausstellung glaubte, den Beschluß faßte, den Gedanken des Herrn Serrano Casanova auf eigene Faust zu verwirklichen.«

Als Serrano Casanova sein Gesuch stellte, waren bereits mehrere Weltausstellungen durchgeführt worden – in Paris, London, Wien, Antwerpen, Philadelphia und Liverpool. Alle hatten einen wirtschaftlichen oder gleichsam praktischen mit einem politischen, symbolischen Aspekt verbunden. In wirtschaftlicher Hin-

Eröffnung der Weltausstellung am 20. Mai 1888. Den Vorsitz hatte die regierende Königin, auf dem Bild mit dem zweijährigen Alfons XIII., der auf den Armen seiner Kinderfrau in den Palast der schönen Künste hereingetragen worden war. Dieser Palast, errichtet nach Plänen von August Font, um alles aufzunehmen, was mit den Künsten zu tun hatte, wurde 1944 unerklärlicherweise abgerissen; an seiner Stelle wurde später das heutige Gerichtsgebäude erbaut. Fotografie P. Audouard. Arxiu Històric de Barcelona.

sicht wollte eine Weltausstellung an einem einzigen Ort und zur gleichen Zeit das Repräsentativste aus Industrie, Handwerk und Kunst aller Länder der Welt vereinen, so, wie es auch Serrano Casanova in Barcelona vorhatte, und dazu die jüngsten Errungenschaften aus Wissenschaft und Technik. In politischer Hinsicht hatten diese aufwendigen Ereignisse, die bis in den hintersten Winkel der Erde Widerhall fanden, das Ziel, die Stabilität, Leistungsfähigkeit und Macht der Gastgeberstaaten zu zeigen. Die Pariser Weltausstellung von 1867 hatte den Prinzen von Wales und seine erhabene Gattin, den Pascha von Ägypten, den Sultan der Türkei, die Königspaare von Griechenland, Schweden und Dänemark, Spanien und Belgien, den Bruder des Mikado, den König von Preußen in Begleitung seines gefürchteten Kanzlers, des Grafen Bismarck, den Zar und die Zarin von Rußland nach Paris geführt. Dort hatten Ingres und Corot ihre Werke ausgestellt und in einem andern Pavillon auch die jungen dissidenten Maler, Pissaro, Cézanne, Monet. Eine Sphinx-Allee führte zu einem ägyptischen Tempel, in dem als Teil des Lustbarkeiten- und Kuriositätenprogramms eine echte Mumie enthüllt wurde – zum Staunen eines Publikums, unter dem sich auch, wie nicht anders zu erwarten, die Gebrüder Goncourt befanden. Bei dieser Ausstellung hatte es nicht an blutigen Anekdoten gefehlt, die ein schlechtes Omen waren, wie etwa die folgende: Als Napoleon III. und Zar Alexander II. gemeinsam inmitten der Menschenmassen durch Longchamp ritten, gelang

Lluís Domènech i Montaner, Hotel Internacional auf dem Paseo de Colón. Dieses Hotel wurde in 53 Tagen erbaut, um einen großen Teil der Besucher aufzunehmen, die während der Ausstellung nach Barcelona kamen. Es belegte eine Fläche von 5250 m², und im Durchschnitt arbeiteten täglich 1000, zu gewissen Zeiten sogar 2000 Arbeiter Tag und Nacht daran. Es hatte fünf Etagen, 400 Zimmer, 30 Suiten und mehrere Salons. Die Sgraffitomalerei und die Stuckarbeiten wurden nach Skizzen von Riquer, Baixeras und Llimona ausgeführt. Fotografie A Esplugues. Arxiu Històric de Barcelona.

es einem polnischen Patrioten namens Berezowski, den Polizeikordon zu durchbrechen, sich dem Zaren zu nähern und einen Pistolenschuß auf ihn abzugeben. Er verfehlte zwar sein Ziel, aber der Vorfall machte einen denkbar ungünstigen Eindruck auf den Zaren. Um die entstandene Spannung zu vermindern, wandte sich Napoleon Bonaparte III. kaltblütig an seinen illustren Begleiter und sagte: »Monsieur, man hat auf uns geschossen, als wir zusammen waren – jetzt sind wir Waffenbrüder.« Dieser geistreiche Satz erzielte nicht die gewünschte Wirkung. Der Zar erinnerte sich ganz genau daran, daß zu Zeiten seines Onkels der Onkel dieses Napoleon, der jetzt sein Bruder sein wollte, Moskau in Brand gesteckt und Rußland unsägliches Leid zugefügt hatte. In den Augen der Romanows konnten die Bonapartes nur Abenteurer und Emporkömmlinge sein, denen nicht über den Weg zu trauen war. Außerdem mag es niemand, wenn man auf ihn schießt – dieser Schuß dürfte noch in den Ohren des Zaren widerhallt haben, als er einige Zeit später in Rußland von den Anarchisten ermordet wurde.

Daß sich Jahre danach ein nur wenig gebildeter Mann, wie Eugenio Serrano Casanova es sein mußte, in der Lage wähnte, ein Ereignis dieser Größenordnung zu organisieren, als ginge es um das Errichten und Betreiben eines Rummelplatzes, auf dem sich sämtliche gekrönten Häupter der Erde treffen sollten, und daß er vorhatte, es ohne weitere Unterstützung als die Versprechungen bestimmter Personen oder Firmen zu tun, deren Identität übrigens nie ganz klar wurde, ist wenig wahrscheinlich.

Lluís Domènech i Montaner, *Castell dels Tres Dragons.* 1887/88. Dieses Gebäude, das als Café-Restaurant der Weltausstellung gebaut wurde und gegenwärtig Zoologisches Museum ist, beherbergte nach der Ausstellung eine Werkstatt, wo sich Bildhauer, Architekten und verschiedene Kunsthandwerker vereinten (Schmiede, Glaser, Keramiker usw.), die zusammenarbeiteten. Diese Initiative, die auf Domènech selbst zurückging, trug in großem Maß zur Integration sämtlicher Künste bei, die für den Glanz der modernistischen Architektur entscheidend war. Fotografie © Català-Roca.

Aber noch unwahrscheinlicher ist, daß eine Stadtverwaltung ihm ursprünglich die Bewilligung erteilte und sich dann angesichts seiner Unfähigkeit anschickte, an seine Stelle zu treten.

Naheliegender scheint der Gedanke, daß die Stadt Barcelona mit Einwilligung der katalanischen Finanzkreise beschloß, dem Beispiel anderer Städte wie Antwerpen, Philadelphia oder Liverpool zu folgen, die die gleiche Stoßkraft hatten wie Barcelona, aber ebenfalls keine historisch gewachsene Führungsrolle spielten, und eine Weltausstellung zu organisieren, die in den Augen der Welt von ihrer Existenz zeugen und für die Stadt eine Kapitalspritze und einen Schuß Selbstvertrauen bedeuten sollte, zwei Dinge, deren Barcelona dringend bedurfte. Bei dieser Hypothese hätte Serrano Casanovas Auftritt eine doppelte Aufgabe erfüllt – einerseits die öffentliche Meinung in bezug auf das Projekt einer Weltausstellung zu sondieren, anderseits nach der günstigen Aufnahme durch die Barcelonesen die Regierung vor vollendete Tatsachen, vor eine Ehrenfrage zu stellen.

Dieser Köder, so es ihn denn gab, wäre gerechtfertigt gewesen. Die Romantik hatte ein pittoreskes Spanien populär gemacht, ein Spanien voller zügelloser Banditen, Toreros, die sich, je nachdem, was gerade gebraucht wurde, abwechselnd ihrer Schießeisen, des Dolchs oder der Gitarre bedienten, leidenschaftlicher, unbändiger und höchst gefährlicher Frauen und Kartenkönige und -königinnen. Diese Vorstellung, so grotesk überzeichnet sie auch war, hatte ihren Ursprung gleichwohl in der Wirklichkeit, stammte aber noch aus den schwierigen Jahren des Unabhängig-

Der Fesselballon, so genannt, weil er ständig mit Seilen am Boden festgehalten wurde, war eine der Hauptattraktionen der Ausstellung, da er es den Barcelonesen – und Auswärtigen – erstmals erlaubte, die ganze Stadt aus der Luft zu sehen. Fotografie A. Esplugues. Arxiu Històric de Barcelona.

keitskrieges. Jedenfalls wirkte sich ein solches Image, obwohl hundert Jahre später für die Tourismusentwicklung überaus nützlich, seinerzeit auf die Wirtschaft gezwungenermaßen katastrophal aus, und Katalonien, das sich dieser Welt der offenen Kutschen, des Flamenco und der kleinen Gauner vollkommen fern fühlte, versuchte, sich möglichst von ihm zu trennen, als wäre es ein Eiterherd. Gegenüber dieser Haltung nahm die Zentralregierung eine andere, knauserige und kurzsichtige ein. In keinem Moment scheint sie begriffen zu haben, welche Chance

Barcelona ihr da bot, sich in den Augen eines Europas zu rehabilitieren, dessen Respekt sie verloren hatte. Wie der Dorftrottel, der um so mehr Unsinn macht, je mehr man ihn hetzt und neckt, schien die spanische Regierung die Draufgängerrolle zu erregen, die ihr auf der internationalen Bühne zugeteilt worden war. Weit davon entfernt, den einzigen Winkel auf nationalem Boden, der in diesem Moment sozusagen bereit war, auf den Fortschritt zu setzen, zu unterstützen und dem Projekt zum Durchbruch mitzuverhelfen, legte sie ihm Steine in den Weg, wo sie nur konnte, und am Ende schrieb sie die Mühen der andern sich selbst zu und warf sich zur Protagonistin auf. Aber Barcelona hatte seine Weltausstellung.

»Was für unvergeßliche Tage für die Barcelonesin! Elegante Damen des Königshofes, der fast in seiner Gesamtheit nach Barcelona gekommen war, und die nicht weniger eleganten Gattinnen hoher Würdenträger, Botschafter, Schriftsteller, berühmter Künstler und Persönlichkeiten aus allen Nationen promenierten in Kaleschen à la grand Daumont oder in Berlinen durch unsere Stadt«, schreibt Elisa Vives de Fábregas in *Das Leben der Barcelonesin im 19. Jahrhundert.*

Diese Begeisterung darf uns nicht täuschen. Wenn wir die Weltausstellung von 1888 mit mehr als einem Jahrhundert Abstand objektiv betrachten, müssen wir den Schluß ziehen, daß sie nicht besonders bedeutend war. In jenen Tagen scheinen sich in Barcelona weder die Industriemagnaten noch die Fortschrittsapostel ein Stelldichein gegeben zu haben. Auch wenn ihr die europäischen Nationen, für die die Ausstellung gedacht war, nicht gerade die kalte Schulter zeigten, so waren sie offenbar auch nicht tief beeindruckt, wie der damals sehr bedeutsame Umstand zeigt, daß sie sich durch unbedeutende Adelige vertreten ließen. Und was ihre Auswirkungen nach innen betrifft, ihr Echo in Barcelona selbst, so läßt sich unmöglich feststellen, inwieweit sie ihre Modernisierung vorantrieb oder ob die Modernisierung eine Folge der Zeit war, ein unaufhaltsamer Prozeß, von dem die Ausstellung eher Auswirkung als Ursache war. In diesem Sinn war sie wie die Einführung eines häßlichen Mädchens aus armer Familie in die bessere Gesellschaft, ein Meilenstein im eigenen Leben, aber im Leben von niemandem sonst.

Wie auch immer, die Frage ist akademisch. Viele wichtige Dinge in Barcelonas Leben hatten ihren Ursprung oder ihre Sanktionierung in der Weltausstellung von 1888. Erstens hatte sie unleugbar mehrere entscheidende psychologische Auswirkungen auf die Barcelonesen, indem sie sie etwa zwang, die eigene Stadt mit kritischen Augen zu sehen und sich den Blicken der Welt zu stellen oder die Größen und Erbärmlichkeiten Barcelonas abzuwägen und sich zu überlegen, wie man diesen abhelfen und jene nutzen konnte. Anderseits hatte sie Barcelona das verschafft, was es zu brauchen glaubte: ein Image. Von 1888 an sollte es unmöglich sein, von Barcelona zu sprechen, indem man bloß seine Mängel auflistete (»die unspanischste Stadt Spaniens«) oder unterwürfige Vergleiche mit Madrid anstellte. Die Ausstellung war das Sprungbrett für den Modernisme, und der Modernisme wurde von diesem Moment an Barcelonas Markenzeichen.

»Die Bedürfnisse der gegenwärtigen Zivilisation«

Das Unterrichtswesen

Wenn der in den letzten Jahrzehnten des 19. Jahrhunderts geborene Barcelonese ins Alter der Vernunft kam, wurde er zur Schule geschickt. Sämtliche Memoiren, Berichte und Erzählungen aus der Zeit schildern uns Schulen, die einander dermaßen gleichen, daß der nicht sehr aufmerksame Leser am Ende Zweifel hat, ob es in Barcelona tatsächlich mehr als eine Schule gab. Anscheinend zeichneten sich die, die es gab, durch ihre Erbärmlichkeit und Schlechtigkeit aus. Sie befanden sich in düsteren, schlecht gelüfteten Geschossen, die gleichzeitig die Klassenzimmer und die Wohnung des Lehrers beherbergten. Dieser Wohnung entströmte ständig ein aggressiver Geruch nach gekochtem Mangold und fritierten Sardinen. Ein verwahrloster, ungeschliffener, bornierter, für das Lehramt in jeder Hinsicht ungeeigneter Schulmeister ging während der ganzen Unterrichtsstunden von der Klasse in seine Wohnung und von seiner Wohnung in die Klasse zurück. Dort fügte er den Schülern die verschiedensten körperlichen und geistigen Leiden zu und bleute ihnen eine dürre, abwegige Bildung ein, die aus Bruchstücken von Grammatik, Arithmetik und Geometrie sowie aus Grundkenntnissen der Geographie und einem Mischmasch von Anekdoten aus der biblischen Geschichte und der Geschichte Spaniens bestand, zwei sonderbaren, brutalen Chroniken, deren Mustergültigkeit so nahtlos ineinander überging, daß unmöglich festzustellen war, wo die eine endete und die andere begann. Dieser Unterricht wurde immer in Spanisch erteilt, einer Sprache, die der Lehrer fehlerhaft sprach und die Schüler nur mit Mühe verstanden. Wenn der Lehrer durch den Vorhang in seine Wohnung ging, wurde er zu einem erbärmlichen, von allerhand familiären Mißgeschicken gebeugten, von einer wehleidigen, herummeckernden Frau unterjochten Wesen. Vom Leben gebeutelt, ging der unglückliche Lehrer in die Klasse zurück, um vom Opfer zum Henker zu werden. Nicht selten litten diese Magister

Antoni Gaudí, *Inneres der Santa-Teresa-Schule.* 1889-1894. Calle Ganduxer 85-105. – Diese Schule, zur selben Zeit entstanden wie die anderen großen Internate, die während des Modernisme in Barcelona gebaut wurden, beweist einmal mehr Gaudís Genie. Sind die meisten dieser Schulen neomittelalterliche Bauten ohne jede architektonischen Innovationen, so zeigt die Theresianerinnenschule, obwohl äußerlich den anderen ähnlich, in ihrem Innern absolut avantgardistische bauliche Lösungen.
Fotografie © Ramon Manent.

unter einer zehrenden Krankheit oder einem körperlichen Fehler, oder die Schüler vernahmen von der andern Seite des Vorhangs, der die beiden Facetten seines Lebens trennte, ein unheilvolles Husten, ein Keuchen oder Schmerzenslaute. Auch endete selten ein Schuljahr, ohne daß ein irreparables Elend über den Lehrer hereinbrach, sei es der Verlust eines Familienangehörigen, sei es sein eigener Übertritt in ein anderes Leben, das schwerlich schlimmer sein konnte als das bisherige.

Wahrscheinlich ist diese Beschreibung von der etwas ressentimentgeladenen Erinnerung derer, die sie uns hinterlassen haben, entstellt und entspricht nicht der exaktesten Wirklichkeit, aber daß sie immer wieder erscheint, zeigt, daß etwas daran sein muß. Fraglos verfügten die damaligen Lehrer im allgemeinen nicht über die angemessene Vorbereitung, und sie verdienten Hungerlöhne. So ist es nur natürlich, daß ein stets schwieriger und oft undankbarer Beruf, der weder gesellschaftliches Prestige genoß noch anständig bezahlt wurde, einen Menschentypus anzog, der zu Verdruß und Bitterkeit tendierte. Seltsam ist, daß eine so

Enric Sagnier, *Jesus-und-Maria-Schule*. 1892. Sagnier war einer der fruchtbarsten Architekten der modernistischen Zeit, entwarf mehrere Häuser im Ensanche-Viertel und beteiligte sich an einigen der zahlreichen öffentlichen Gebäude, die in jenen Jahren errichtet wurden, wie dem Justizpalast (1887-1908), dem Neen Zoll (1886-1902) oder dem Sitz der Pensionskasse in der Calle Juncadella (1917). Dieser Bau ist sehr repräsentativ für die während des Modernisme in San Gervasio oder Sarriá im Stil der englischen Internate entstandenen Schulen.

mächtige Klasse wie das damalige katalanische Bürgertum bei der Erziehung ihrer Dauphins derart nachlässig war. Vielleicht hatte sie noch nicht begriffen, daß man, um die gesellschaftliche Vorherrschaft auszuüben, die Kultur und das Wissen genauso monopolisieren mußte wie das Geld und die Macht. Diese Nachlässigkeit erstreckte sich auch auf den Mittelschulunterricht, den die vermögenden Klassen religiösen Internaten anzuvertrauen pflegten, wo ein eisiges, rauhes Klima und strengste Disziplin geherrscht haben sollen, wo man jedoch bis zu einem gewissen Grad das Wissen hochhielt. Vielleicht haben aus diesem Grund die aufgewecktesten, neugierigsten Schüler, geblendet vom Gegensatz zwischen diesen Anstalten und den Hungerleiderschulen, aus denen sie kamen, eine gute Erinnerung an diese Internate, die zwar in schlechtem Zustand, aber von Wäldern und Parks umgebene, an den Abhängen der Sierra de Collserola gelegene Prachtbauten waren. Naturgemäß hielten sie die Schüler von ihrem Zuhause fern, wohin sie nur während der Schulferien oder in Fällen schwerer Krankheit zurückgingen. An den Wochenenden durften sie den Besuch ihrer Familie empfangen. Da die Internate ausnahmslos von landesweiten religiösen Orden geleitet wurden, deren Mitglieder an immer wieder anderen Orten wirkten und die den erbittertsten Patriotismus zur Ideologie hatten, stand der dort erteilte Unterricht in keinerlei Beziehung zur katalanischen Wesensart und auch nicht zu den praktischen Bedürfnissen der neuen Gesellschaft. Auch das schien das Bürgertum, das seine Kinder in diese Anstalten schickte, nicht allzusehr zu beunruhigen. Man bekommt den Eindruck, daß von ihnen nichts anderes erwartet wurde, als daß sie sich der Jugendlichen annahmen, damit diese zu Hause nicht störten und keine Konflikte auslösten. Welche Bildung sie dort bekamen, schien niemanden zu kümmern. Diese Haltung war nicht nur auf Nachlässigkeit und Blindheit zurückzuführen, sondern auch auf eine dem 19. Jahrhundert eigene Vorstellung der menschlichen Natur. Da man damals unter dem Einfluß des gängigen wissenschaftlichen Denkens dazu neigte, alles in hermetisch abgeschlossene Fächer einzuteilen, selbst das Leben der Menschen, glaubte niemand, was in einer Phase dieses Lebens geschah, könnte auch nur die geringste Einwirkung auf die späteren Phasen haben. Für die Leute war die Kindheit eine Periode, die, einmal abgeschlossen, im Archiv der Erinnerungen abgelegt wurde, und dasselbe geschah mit der Adoleszenz oder dem Jugendalter. Alle waren sich darin einig, daß die Kindheit eine glückliche Zeit, die Adoleszenz leichtsinnig, die Jugend feurig, die Reife fruchtbringend und das Alter heiter war. So hielt man es auch für ausgemacht, daß die jedem Alter eigenen Fehler mit der Zeit schon korrigiert, daß die Schafe von den Jahren immer in den Pferch zurückgeführt würden. Damals dachte niemand daran, daß die folgende Generation den Samen des eigenen Untergangs säte. In unseren Augen scheinen das Zeiten relativer geistiger Ruhe gewesen zu sein. Das Bürgertum zog seine Werte nicht in Zweifel, sondern setzte im Gegenteil die gesellschaftliche Ordnung der natürlichen Ordnung gleich. Für dieses Bürgertum war das System gut, mochte es manchmal auch von den Schwächen der menschlichen Natur zerrüttet werden, etwa von der Habsucht, die die Gerechtigkeit störte, der Wollust, die die Stabilität der Ehe zum Kentern brachte, oder der Faulheit, derentwegen einige Menschen keinen Erfolg hatten und es im Leben zu nichts brachten.

»Auf der Suche nach einer nationalen Architektur«

Barcelona wächst

Während der arme Barcelonese stoisch die Rutenstreiche seines Lehrers einsteckte, wuchs die Stadt zusehends. Barcelonas Bevölkerung, die 1887 noch 272 000 Seelen betrug, hatte zur Jahrhundertwende 546 946 Einwohner erreicht. Aber die Zunahme war keine Folge des normalen Bevölkerungswachstums, das immer noch sehr gering war, sondern der Immigration und vor allem der dauernden Einverleibung von Nachbargemeinden zuzuschreiben. Diese Eingemeindungen waren nicht nur administrativer Art: Zwischen 1880 und 1900 vervierfachten sich die Straßenbahnlinien und bildeten ein Verkehrsnetz, das die Fortbewegung innerhalb der Stadt erleichterte und es den Bewohnern der angrenzenden Zonen ermöglichte, nach Belieben ins Zentrum zu fahren und sich seiner Vorteile zu erfreuen, ein entscheidender Punkt, wenn es darum geht, eine funktionierende Metropole zu schaffen. Diese Integration veränderte die Dimensionen – die alten, jeder Stadt innewohnenden Probleme bekamen ein ganz neues Ausmaß. Aber jetzt verfügte Barcelona über die angemessenen Instrumente, um ihnen zu begegnen.

Die Kolonialkriege, insbesondere der lange, spektakuläre Kubakrieg, hatten die Nachfrage nach Artikeln für die Armee außerordentlich angekurbelt, wovon die Barceloneser Industrie profitierte. Der Verlust der Kolonien gereichte der katalanischen Wirtschaft jedoch nicht zum Nachteil. Einerseits kehrten nach der Niederlage massenweise katalanische Siedler in ihre Heimat zurück, und natürlich hatten sie ihre Ersparnisse nicht zurückgelassen; anderseits bedeutete das Verschwinden der letzten Bastionen des Imperiums keine Abnahme des Handels mit Lateinamerika, wo es weiterhin wichtige katalanische Siedlungen gab. So verfügte Barcelona über die nötigen Mittel, als es darum ging, die Stadtreform in Angriff zu nehmen, die seine neuen territorialen und demographischen Dimensionen erforderten. Vor allem aber hatte es eine unermeßliche architektonische Kapazität.

Antoni Gaudí, *Casa Vicens*. 1883-85. Calle Carolinas 18-24. Fotografie © Català-Roca. – Dieses Haus, ein Auftrag des Keramikkaufmanns Vicens, war eines von Gaudís ersten wichtigen Projekten. Sowohl außen wie innen wird der Einfluß der moslemischen Kunst sichtbar, die Gaudí damals ganz besonders interessierte. Bei der Casa Vicens erscheinen bereits einige der typischsten Merkmale der künftigen modernistischen Architektur.

In relativ kurzer Zeit wurden in Barcelona fünf Märkte mit Eisenstruktur gebaut, 1874 bis 1876 als erster der Born-Markt, der zwei Jahre später eröffnet wurde. Vorher hatte dieser Markt aus mehreren Reihen mobiler Verkaufsstände im Freien bestanden, wie man ihnen noch in einigen Dörfern begegnet und die Martí Alsina auf seinen Bildern festgehalten hat. Der neue Born-Markt wurde von dem 1855 gegründeten Unternehmen La Maquinista Terrestre y Marítima gebaut, das damit seine Zusammenarbeit mit der Stadtverwaltung begann, aus der vier weitere Märkte hervorgingen, der von San Antonio, der der Barceloneta, der von Hostafranchs und der der Concepción, die 1888 eröffnet wurden und zu denen sich noch der Llibertat-Markt in der Stadt Gracia gesellte, mit dessen Bau im selben Jahr begonnen und der 1893 eingeweiht wurde. Auch die Elektrifizierung wirkte sich auf das Bauwesen aus: Zwischen 1893 und 1895 wurde in der Puerta del Ángel der neue Sitz der Sociedad Catalana de Gas y Electricidad und 1896 der der Central Catalana de Electricidad, heute Hidroeléctrica de Cataluña, erbaut. Alles nahm zu im damaligen Barcelona, selbst die Verbrechen und Prozesse: 1887 mußte mit dem Bau des Justizpalasts begonnen werden, der bis dahin wie ein armer Verwandter im Palacio de la Di-

Antoni Gaudí, *Palacio Güell.* 1885-89. Nou de la Rambla 3. Fotografie © Català-Roca. – 1885 beauftragte Eusebi Güell, ein angesehener Barcelonese und Mäzen Gaudís, diesen mit dem Bau seines Wohnsitzes auf dem Grundstück, das mehrere im Besitz der Familie Güell befindliche Häuser belegten. Da der Palast in eine enge Straße ohne Aussicht zu stehen kommen sollte, kehrte Gaudí die Struktur des Hauses um und machte zu dessen Hauptelement einen großen zentralen Salon, der sich durch sämtliche Stockwerke des Palasts zieht und von einer byzantinisch beeinflußten Kuppel überdeckt wird, welche durch mehrere Öffnungen natürliches Licht hereinfließen läßt. Sowohl in struktureller oder funktionaler Hinsicht als auch bezüglich seiner Einrichtung nahm der Palacio Güell, dessen Bau mit der Vorbereitung und Durchführung der Weltausstellung zusammenfiel, zahlreiche Lösungen der modernen Architektur vorweg.

putación untergebracht gewesen war. Auch das Gefängnis in der Calle de Amalia, das Ramon Casas mit seinem berühmt-makabren Bild *Die Würgschraube* verewigen sollte, benötigte mehr Platz und besser ausgestattete Nebengebäude. Das neue Gefängnis in der Calle Entenza wurde im Einklang mit den jüngsten Erkenntnissen des modernen Strafvollzugs geplant – da die Behörden hiervon überzeugt waren, standen sie nicht an, es Modelo-Gefängnis, Mustergefängnis, zu nennen. Und die Fortschritte in der Krankenhausmedizin erforderten neue Krankenhäuser: 1904 wurde das Clínico gebaut und 1900 das Hospital de San Pablo in Angriff genommen – in einem Jahr, das Polemik auslöste, da es nach Ansicht der einen noch zum 19. Jahrhundert gehörte, während es für andere schon der Auftakt zum 20. war. Alles wurde dem vorwärtsdrängenden Barcelona dieser Jahre zu

Josep Puig i Cadafalch, *Casa Garí*. 1899. San Miquel del Cros, Argentona bei Barcelona. Fotografie © Català-Roca. – Die wohlhabendsten Klassen gaben bei den besten damaligen Architekten einen Zweitwohnsitz in den Dörfern nahe Barcelona in Auftrag, um dort den Sommer zu verbringen. In diesem Fall war Puig i Cadafalchs Kunde Josep Garí, Bevollmächtigter des Bankiers Evaristo Arnús und später selbst Bankier, als er nach Arnús' Tod einen Teil von dessen Bank geerbt hatte. Bei der Casa Garí ist wie bei den meisten dieses und vieler anderer modernistischen Architekten die Verwendung dekorativer Elemente der gotischen Kunst überdeutlich.

eng, insbesondere der Textilindustrie, die der Motor dieser ganzen Veränderung gewesen war. Jetzt konnten die Fabriken nicht mehr einfach da und dort Geschosse oder kleine Räumlichkeiten belegen, sondern benötigten entsprechend dem englischen Modell große Hallen, die den neuen Maschinenpark aufnehmen konnten und für die neuen Produktionsmethoden geeignet waren. Und auch die in diesem Erneuerungsfieber entstandenen Handelsunternehmen wollten in Gebäuden unterkommen, die ihrer Bedeutung entsprachen, wie der Sitz der Sociedad de Crédito Mercantil in der Calle Ample aus dem Jahr 1900 oder der Sparkassen wie derjenige der Caixa de Barcelona auf der Plaza de San Jaime von 1902.

Nichts Menschliches war diesem Expansionsdrang fremd, weder die neuen Wohnungen im Ensanche-Viertel noch die Som-

Antoni Gaudí, *Interieur der Casa Vicens*. 1883-85. Fotografie A. Mas. Institut Amatller d'Art Hispànic-Arxiu Mas, Barcelona.

Antoni Maria Gallissà, *Casa Llopis i Bofill*. 1902. Calle Valencia 339, Ecke Calle Bailén. Fotografie A. Mas. Institut Amatller d'Art Hispànic-Arxiu Mas, Barcelona. – Dank seiner brillanten Karriere als Schüler der Barceloneser Architekturschule konnte Gallissà trotz seines frühen Todes mit 42 Jahren noch an vielen wichtigen Projekten mitwirken. Elies Rogent und Domènech i Montaner, beide Lehrer von Gallissà an der Architekturschule, suchten dessen Mitarbeit, der eine für Arbeiten im Zusammenhang mit der Weltausstellung, deren Gesamtleitung Rogent innehatte, und der andere, damit er die Leitung der auf Domènechs Initiative gegründeten Werkstatt des Castell dels Tres Dragons übernahm. Aber natürlich war seine mehrheitlich neugotische Produktion klein – er baute Gräber, ein paar Einfamilienhäuser, einige städtische Schmuckelemente und den Wohnblock, der auf dem Foto zu sehen ist.

merurlaubshäuser (die sogenannten »torres«, Villen), die sich die reichen Familien in La Garriga, Cardedeu, Vallvidrera, Argentona, Masnou, Sitges oder Caldetes bauen ließen, weder die Kasinos, die in einigen dieser Orte zur Zerstreuung der Sommerfrischler eröffnet wurden, noch die Kurhäuser wie das Vichy Catalán in Caldes de Malavella, ebenfalls aus dem Jahr 1900, wo die Barcelonesen ihre von der ganzen Schufterei angeschlagene Gesundheit wiederherzustellen versuchten. Hinzu kamen die Stierkampfarena Las Arenas, die Cafés (das Torino an der Ecke Paseo de Gracia/Gran Vía, wo sich heute der Juwelierladen Roca befindet, La Luna oder Els Cuatre Gats, das aus mehreren Gründen so sehr mit dieser Epoche verbunden ist, siehe auch

Josep Puig i Cadafalch, *Casa Trinxet*. 1904. Fotografie A. Mas. Institut Amatller d'Art Hispànic-Arxiu Mas, Barcelona. – In der modernistischen Zeit ließen sich einige Bürger ein Haus, in dessen Beletage sie wohnten, und die reichsten ein Einfamilienhaus wie das abgebildete bauen. Dieses Haus, das in der Calle Córcega zwischen der Rambla de Cataluña und der Calle Balmes stand, entging den Folgen der Spekulation nicht. 1967 wurde es wie so viele andere abgerissen. Nach seinem Verschwinden wurde seine Mauerdekoration, ein Werk von Joaquim Mir, zerstückelt. Mir hatte die Wände der Casa Trinxet mit Öl auf Leinwand bemalt, da ihr Besitzer, Avelino Trinxet, ein vermögender Textilindustrieller, mit dem Maler verwandt und in gewisser Weise sein Mäzen war. Derzeit sind die Bruchstücke dieses Ensembles, eines der herausragendsten der modernen katalanischen Malerei, in verschiedene Privatsammlungen aufgeteilt.

S. 114), die Theater und vor allem die Kinos (Español, Doré, Poliorama), die Privatklubs von erlesenstem Geschmack wie der ursprünglich als Reiterklub gegründete Círculo Ecuestre oder der Círculo del Liceo, die Gräber des neuen Südwestfriedhofs am Hang des Montjuïch, 1883 vom legendären Rius i Taulet eingeweiht und wegen seiner außerordentlichen Familiengräber bald ein echtes Architektur- und Skulpturenmuseum. Selbst der arme, in der Schule gezüchtigte Barcelonese sollte dieses ungeheure Wachstum unbewußt und unwillkürlich vorantreiben – kaum hatte er seine elende erste Lehranstalt verlassen, erwarteten ihn die neuen Internate, die, dem englischen Muster folgend, an den Flanken von San Gervasio und Sarriá gebaut wurden: das

Antoni Gaudí, Stuhl aus dem Mobiliar des Geschäftsleitungsbüros der Textilindustrie Calvet, die das Erd- und die Kellergeschosse des Hauses Calle Caspe 48 belegte, deren Portierloge auf S. 87 zu sehen ist. Diese 1903 entstandenen Möbelstücke haben alle organische, anatomische Formen und gelten als die besten von Gaudí entworfenen. Fotografie © Català-Roca.

Joan Rubió, *Casa Roviralta*. 1903-13. Avenida del Tibidabo 31. Fotografie © Català-Roca. – Einfamilienhaus, das unter dem Namen *Der weiße Mönch* bekannt ist, da es auf dem Grundstück eines Gehöfts desselben Namens erbaut wurde, in welchem Dominikanermönche gelebt hatten. Rubió, ein Schüler und Mitarbeiter Gaudís und der wichtigste Erbe seiner Ideen, bekam für dieses Werk 1913 den Preis für das beste Gebäude.

der Theresianerinnen, das der Jesuiten, das Jesús y María, das der Piaristen.

All diese Bauten gehören der modernistischen Zeit an, aber nicht alle sind »modernistisch«.

So hielt einer der wichtigsten Vertreter dieser Bewegung, Josep Puig i Cadafalch, 1902 in einem Artikel der Zeitschrift *Hispania* drei Tendenzen in der katalanischen Architektur vom Ende des 19. Jahrhunderts auseinander: die archaisierende Tendenz, die eklektische Tendenz und die Erneuerungstendenz. Natürlich war es letztere, mit der sich der Modernisme identifizierte und die entsprechend seinen ideologischen Postulaten für den Fortschritt und die Erneuerung Partei ergriff, ohne dabei auf diejenigen Züge der traditionellen katalanischen Architektur zu verzichten, die sie für autochthon hielt, von der Verwendung des Sichtbacksteins bis zu den glanzvollsten Aspekten der gotischen Architektur. Zugleich hatten die Vertreter der Erneuerungstendenz den Blick auf die moderne europäische Architektur, besonders im deutschen Raum, und auf die technologischen Fortschritte auf dem Gebiet der Ingenieurstechnik gerichtet, etwa die Verwendung des Eisens im Bauwesen. Wie auch in andern Berei-

Jeroni Granell. Eingang des Hauses in der Gran Vía 582 von 1902. Fotografie A. Mas. Institut Amatller d'Art Hispànic-Arxiu Mas, Barcelona. – Die Verbindung sämtlicher Künste und die Idee, ein Haus als Gesamtkunstwerk zu entwerfen, beides typisch für die modernistische Architektur, zeigen sich in den Eingängen der modernistischen Häuser, die mit dem übrigen Gebäude ein Ganzes bilden. In diesen Eingängen amalgamieren sich die Schmiedeeisenarbeiten der Gitter, die Keramiken der Wandtäfelungen, die Stuckarbeiten der Mauern, die idealisierenden Deckenmalereien, die bunten Glasfenster und die Lampen, deren Formen oder ornamentale Motive im wesentlichen von der Pflanzenwelt inspiriert sind. In den Häusern der wohlhabendsten Klassen gab es zwei Treppenhäuser, ein vornehmes, das zur Beletage führte, wo der Hausbesitzer wohnte, sowie ein einfacheres für die übrigen Wohnungen, die vermietet waren – eine Einrichtung, die man in den aus jener Zeit stammenden Häusern noch sehen kann.

Portierloge des Hauses Calvet, Calle Caspe 48, 1899 fertiggestellt und erstes Wohnhaus Gaudís, für das er den Preis der Stadt für das beste Gebäude erhielt, der damit zum ersten Mal verliehen wurde. Fotografie A. Mas. Institut Amatller d'Art Hispànic-Arxiu Mas, Barcelona.

chen erlaubte die Modernität, eine Brücke zum Alten zu schlagen.

1878, als Lluís Domènech i Montaner 28 Jahre alt und Lehrer an der Barceloneser Architekturschule war, verfaßte er ein Manifest, in dem er die »Suche nach einer nationalen Architektur« verfocht. Diesem Ziel und der Entfaltung der katalanistischen Bewegung (er war Vorsitzender der Liga Kataloniens, der Katalanistischen Union und des Barceloneser Athenäums sowie Abgeordneter des Zentralparlaments für Barcelona, verfaßte das katalanische Autonomieprojekt »Grundlagen von Manresa« und präsidierte den Poesiewettbewerb Juegos Florales von 1895, s. auch S. 101) widmete er sein Leben. Zuerst als Lehrer und später als Direktor der Architekturschule hatte er entscheidenden Einfluß auf die neuen Architektengenerationen. Er selbst baute eines der repräsentativsten Gebäude des Modernisme, das Café-Restaurant der Weltausstellung, vom Volksmund wegen seines etwas ausgefallenen Aussehens *El Castell dels Tres Dragons* getauft, die Drei-Drachen-Burg, ein Spitzname, der von einem Bühnenstück von Frederic Soler Pitarra stammte. Nach dem Ende der Ausstellung richtete Domènech i Montaner in die-

Von Josep Pasco ausgestatteter Eingang des Hauses, in dem Ramon Casas wohnte, Paseo de Gracia 96, erbaut 1898/99. Fotografie A. Mas. Institut Amatller d'Art Hispànic-Arxiu Mas, Barcelona.

Lluís Domènech i Montaner, *Casa Lleó Morera*. 1905. Paseo de Gracia 35. Fotografie A. Mas. Institut Amatller d'Art Hispànic-Arxiu Mas, Barcelona. – 1905 entwarf Domènech i Montaner dieses Haus und begann mit dem Bau des Palau de la Música, zwei Bauten von ähnlicher dekorativer Üppigkeit. Die Casa Lleó Morera bekam im selben Jahr den Preis der Stadt für das beste Gebäude. Doch ein halbes Jahrhundert später erlaubte dieselbe Stadtverwaltung die Zerstörung des Hochparterres, das, wie auf dem Bild zu sehen ist, zwei breite, von Eusebi Arnau mit präraffaelitisch inspirierten Frauenfiguren geschmückte Zierbalkone hatte. Arnau führte auch die Türstürze der Beletage aus, ein bildhauerisches Ensemble, das das katalanische Volkslied *Die Amme* inszenierte. Der Komplex aus diesem Haus, der Casa Ametller (Paseo de Gracia 41) und der Casa Batlló ist von alters her als *la manzana de la discordia* (der Zankapfel) bekannt (*manzana* bedeutet nicht nur Apfel, sondern auch Häuserblock zwischen zwei Straßen), um den sich vermutlich die Erbauer der drei Häuser stritten, Domènech i Montaner, Puig i Cadafalch und Gaudí.

sem Gebäude persönlich eine von seinem Schüler und Kollegen Antoni Maria Gallissà koordinierte Werkstatt ein, in der Architekten, Bildhauer, Keramiker, Glaser und Schmiede zusammenarbeiteten, ganz nach der Art der englischen Ateliers von Arts and Crafts, die William Morris' Richtlinien folgten. Aber die modernistische Architektur, deren Anfänge in die achtziger Jahre zurückreichten, trug ihre herausragendsten Früchte erst Anfang des 20. Jahrhunderts, als der modernistische Elan schon zu ermatten begann, der seinerzeit die modernistischen Feste von Sitges oder die Abende im Els Cuatre Gats belebt hatte. Und das war nur natürlich, denn die Architektur brauchte eine vermögende Kundschaft, und die war nicht bereit, alle Neuerungen

CORTINAGES

Detail der Fassade des Hauses des Barons Quadras in der Diagonal 373, ein Werk von Puig i Cadafalch aus den Jahren 1904-06. Auf dem Bild sieht man sämtliche deutlich von der Gotik beeinflußten dekorativen Elemente, die sich in der Beletage des Hauses konzentrieren, sowie das Hochrelief des heiligen Georg mit dem Drachen, ein in Puig i Cadafalchs Arbeiten häufiges Motiv, das hier, wie oft, vom Bildhauer Eusebi Arnau stammt. Im Hintergrund die Casa Terrades, besser bekannt unter dem Namen *Les Punxes* (die Spitzen), desselben Architekten, entstanden in den Jahren 1903-05 und inspiriert von der gotischen Architektur der nördlichen Länder. Fotografie A. Mas. Institut Amatller d'Art Hispànic-Arxiu Mas, Barcelona.

Antoni Gaudí, *Casa Batlló*. Paseo de Gracia 43. Fotografie © Pere Vivas und Ricard Pla. Mit freundlicher Genehmigung von Casa Batlló S.L. – Es mag erstaunen, aber dieses Haus ist kein originaler Gaudí, sondern der Umbau eines bereits existierenden Hauses, mit dem Enric Batlló, Textilindustrieller und Besitzer des Gebäudes, Gaudí beauftragte. Dieser errichtete als Wohnung für die Familie Batlló eine Beletage mit separatem Eingang, baute das Treppenhaus und den Innenhof um, den er mit weißen und blauen Kacheln auskleidete, die je nach Lichteinfall heller oder dunkler sind, überzog die ur-

sprüngliche Fassade mit *Trencadís* (Bruchstücken aus bunten Kacheln oder Glas, eine Erfindung Gaudís), wobei einmal mehr Josep Maria Jujol mitarbeitete, versah die Balkone mit neuen Geländern und die Beletage mit einem neuen Schmuckbalkon und schloß das Haus mit einem doppelten Dach ab, auf dessen eines Ende er ein Kreuz setzte, um den Höhenunterschied zum Nachbarhaus auszugleichen, einem Bau von Puig i Cadafalch. Dieser umfassende Umbau machte die Casa Batlló zu einem eigentlichen Gaudí-Werk und zu einem der herausragenden Häuser auf dem Paseo de Gracia.

Interieur der Beletage der Casa Batlló von Gaudí. Die ganze Ausstattung mit den besonders auffälligen Möbeln stammt ebenfalls von Gaudí (1907). Fotografie A. Mas. Institut Amatller d'Art Hispànic-Arxiu Mas, Barcelona. Mit freundlicher Genehmigung von Casa Batlló S.L.

widerstandslos hinzunehmen. Die Casa Lleó Morera ist von 1905, die Casa Batlló von 1905/06, der Palau de la Música von 1905 bis 1908, die Casa Milà, besser bekannt unter dem Namen La Pedrera, von 1905 bis 1911, die Casa Terrades, bekannter als Les Punxes, von 1903 bis 1905 und die Casa Serra von 1903 bis 1907. Vorher waren aber im Ensanche viele typisch modernistische Bauten entstanden, die dem Viertel sein ureigenstes Aussehen verleihen sollten.

Grundsätzlich könnte man sagen, daß der auffälligste Aspekt der modernistischen Architektur seine dekorative Facette war. Sein Ziel war es, sämtliche Künste in einem Gesamtkunstwerk

zu vereinen, ein Bestreben, das zwar zu Trivialität führen kann, im Fall der modernistischen Architektur aber ausschlaggebend für seinen Ruhm war. Von dieser Verallgemeinerung gibt es natürlich Ausnahmen, und keine ist offensichtlicher als die Antoni Gaudís, des genialen, revolutionären Architekten, der in den von ihm entworfenen Gebäuden die Aufteilung des Raums und letztlich das Wesen der Struktur veränderte. Gaudís Persönlichkeit und Werk sind von einer Komplexität, die den Umfang und die Absicht dieses Buches sprengt. Im Unterschied zu seinem Kollegen Domènech i Montaner ignorierte er alles, was sich nicht auf sein eigenes Werk bezog, und war weder Anstifter einer Be-

Antoni Gaudí, *Casa Milà*. 1905-10. Paseo de Gracia 92. Fotografie © Arxiu Pau Giralt Miracle. – Dieses ist das dritte, letzte und möglicherweise genialste von Gaudís Wohnhäusern. Sein ungewöhnliches Aussehen sagte den Barcelonesen nicht zu, die ihm den verächtlichen Spitznamen *La Pedrera* (der Steinbruch) gaben, und provozierte in den damaligen Zeitungen und Zeitschriften

zahlreiche Witze. Das ändert nichts daran, daß die *Pedrera* weltweit ein Meilenstein in der Architekturgeschichte ist. In diesem Haus finden sich kühne Lösungen, etwa der Ersatz der tragenden Wände durch Stein- oder Backsteinsäulen und Metallfachwerk, was ein vollkommen freies Geschoß ermöglicht. Gaudí plante auch ein Kellergeschoß zur Unterbringung von Fahrzeugen, zu dem man über Rampen gelangte, verwendete Rolläden und vollendete das Haus mit auffälligen Schornsteinen, echten abstrakten Skulpturen *avant la lettre*. Das Haus wurde als Denkmal für die Muttergottes entworfen, deren Statue es krönen sollte. Diese wurde von Carles Mani modelliert, einem regelmäßigen Gaudí-Mitarbeiter, gelangte aber nie an die ihr zugedachte Stelle, anscheinend auf Grund einer Entscheidung von Pere Milà i Camps, dem Gebäudeeigentümer, welcher sie, eingeschüchtert durch die Ereignisse der »Tragischen Woche« (einer Revolte in Katalonien, bei der 1909 um bessere Arbeits- und Lebensbedingungen gekämpft wurde), als Aufforderung zur Gewalt betrachtete.

Antoni Gaudí, Interieur der Casa Milà. Fotografie A. Mas. Institut Amatller d'Art Hispànic-Arxiu Mas, Barcelona.

wegung, noch kämpfte er für die Durchsetzung irgendeiner Ideologie. Er war keine Stütze des Modernisme, dessen Postulate er nicht teilte, und in gewissem Sinn war er nicht einmal ein modernistischer Architekt. Seine Genialität erlaubte es ihm, eine von seinen eigenen Fantasien behauste Welt zu bewohnen. Sein Leben und sein Werk fielen mit der modernistischen Zeit zusammen, und natürlich fallen auch seine formale Sprache und seine Bauweisen mit den grundsätzlichen Charakteristika dieser Zeit zusammen, die in ihrem Erneuerungsfieber von seiner ungeheuren Kreativität gespeist wurde. Aber Gaudí trug, vielleicht mehr als jeder andere, dazu bei, den Namen Barcelonas mit Großbuchstaben in die Kunstgeschichte einzutragen.

»In unserem Land ist man allzu vorsichtig«

Die Berufswahl

Wenn es nach Schulabschluß um die Berufswahl ging, zeigten die damaligen Barceloneser Familien keine übermäßige Begeisterung, ihre Söhne auf die Universität zu schicken. Einige Fabrikanten sahen ihre Erben lieber in einer Industriestadt wie Manchester oder Lyon, wo sie sich mit den technologischen Fortschritten und den neuesten Produktionsmethoden vertraut machen konnten. Andere entschieden sich dafür, den künftigen Unternehmer auf der untersten Stufe der eigenen Firma einzusetzen, als Ladendiener oder Verkäufer im Geschäft, und ihn dann stufenweise bis in die Geschäftsleitung zu befördern. So gäbe es, dachten sie, in der Firma keine Geheimnisse mehr für ihn, wenn er einmal an ihre Spitze träte. Ob richtig oder nicht, diese Präferenz zeigte, ein wie geringes Prestige die Barceloneser Universität genoß. Diese Abneigung hatte gewichtige historische Gründe. 1717 hatte Philipp V. die Barceloneser Universität in die Stadt Cervera verlegt, die im Erbfolgekrieg den Bourbonen treu geblieben war, während Katalonien in den Reihen seines Rivalen gekämpft hatte und nun die Repressalien zu spüren bekam. Cervera liegt in Luftlinie rund 60 Kilometer von Barcelona entfernt, was damals eine Tagereise oder mehr war. Zwar hätten die Barcelonesen aus der Not eine Tugend und Cervera zu einer Universitätsstadt wie die bereits in England oder Deutschland existierenden machen können, doch in dieser Zeit lastete die Niederlage Kataloniens schwer auf der Seele, und blutige, andauernde Vergeltungsmaßnahmen hatten der katalanischen Gesellschaft sozusagen das Rückgrat gebrochen. Zudem bringen Völker genauso wie Menschen selten den nötigen Mut auf, eine Unannehmlichkeit zu überwinden, wenn sie die Verantwortung dafür einem andern in die Schuhe schieben können. Wie auch immer, als 1837 die Universität von Cervera aufgelöst und 1842 endgültig nach Barcelona verlegt wurde, spielte sie im Gemeinschaftsleben nach hundertfünfundzwanzig Jahren Abwesenheit kaum mehr eine Rolle. Zum Jahrhundertende hatte sie in der Stadt noch immer keine Wurzeln geschlagen. Es gab an ihr zwar

Im Schaufenster der Kunstgießerei Masriera in der Calle Fernando 51 stellte Lluís Masriera, der bedeutendste Goldschmied des Modernisme, 1901 seine typischen Schmuckstücke aus, die die Juwelierkunst Kataloniens revolutionieren sollten. Die Ausstattung dieses Ladens stammte von Víctor Masriera, der bei Mario Marigliano die Mosaiken bestellte. Bemerkenswert sind natürlich die Metallarbeiten und insbesondere das Firmenschild links und die Lampe rechts, deren Figuren vom Bildhauer Eusebi Arnau entworfen wurden. Fotografie A. Mas. Institut Amatller d'Art Hispànic-Arxiu Mas, Barcelona.

einige von herausragenden Persönlichkeiten geleitete Fakultäten, in denen bedeutende akademische Arbeiten entstanden, aber grundsätzlich verlief das kulturelle Leben der Stadt in andern Bahnen, etwa im Athenäum oder in ähnlichen Vereinigungen. Als Institution konnte die Universität nicht Fuß fassen. Weder war ihre Meinung gefragt, noch suchte die Gesellschaft dort Lösungen, Leitbilder oder Persönlichkeiten.

Diese Einstellung mußte sich über kurz oder lang sehr nachteilig auswirken. Da sie Wissenschaft, Technik und Kultur Neulingen überlassen mußten, sahen die wichtigen Familien in dem überaus kurzen Zeitraum von zwei Generationen ihre kulturellen Institutionen in Verfall geraten. Als sie ihren Fehler gewahrten und etwas dagegen unternehmen wollten, war es schon zu spät.

Alexandre de Riquer, *Plakat für Escofet-Mosaiken.* Museu Nacional d'Art de Catalunya, Barcelona. – De Riquer war der Hauptvertreter der sogenannten ästhetizistischen Strömung auf dem Gebiet der Druckkunst. Charakteristisch für diese von England, speziell von William Morris und der Arts-and-Crafts-Bewegung, beeinflußte Strömung sind die bunten Kompositionen, die weichen Schattierungen, die wichtige Rolle der idealisierten Frauengestalt und eine absolute Dominanz der Pflanzenmotivdekorationen.

Apotheke Bolòs. Rambla de Cataluña 77. Fotografie © Joan Vila-Grau. – Die Bedeutung der Glasfenster im Modernisme zeigt das Bestreben, sämtliche Künste in ihrem funktionalen Aspekt zu integrieren und künstlerische Traditionen wiederaufleben zu lassen, die bereits im Schwinden begriffen waren, nachdem sie einmal glänzende Zeiten gekannt hatten. Die modernistischen Glasfenster, für die Glas von unterschiedlicher Dicke und in verschiedenen Farben verwendet wurde, dekorierten nicht nur Fenster und Zierbalkone der modernistischen Häuser, sondern wurden auch für Lampen, spanische Wände und andere Gegenstände verwendet. In ihrer Ornamentik dominierten pflanzliche Elemente und Polychromien, die den Interieurs ein ganz besonderes, sich veränderndes Licht gaben. Sie trugen entscheidend zur Pracht der modernistischen Architektur bei. Wichtigster Fabrikant war Rigalt, Granell und Co., ihre bedeutendsten Designer waren de Riquer und Mir.

Von den vielen im reinsten modernistischen Stil eingerichteten Geschäftslokalen haben wahrscheinlich die Apotheken bis heute am zahlreichsten und im besten Zustand überlebt. In dieser Außensicht der Apotheke Grau Inglada in der Calle Conde del Asalto 4 erkennt man sehr schön gewisse Obsessionen der modernistischen Ästhetik: die gebogene

Den katalanischen Intellektuellen und Künstlern der Zeit fiel die mühselige Aufgabe zu, eine ganze Kultur zu erschaffen oder wiederzuerschaffen. Da die meisten von ihnen keine gründliche Ausbildung besaßen, konnten sie einzig einen Stil durchsetzen. Angesichts der gewichtigen politischen Probleme der Zeit nahmen sie in ihrer Mehrzahl zwar eine emotionale Haltung ein, vermochten aber keine übergeordnete Ideologie zu formulieren, das heißt, sie gründeten in den entscheidenden Momenten bloß ein auf Gefühlen basierendes Modell, das die politischen Winde mühelos zerstörten. Ihre Rebellion, wenn es sie denn gab, ging nicht über eine oberflächliche Boheme hinaus, eine Boheme der Arroganz und Verwahrlosung. Aber aus der Distanz ist immer gut kritisieren. Mit ganz wenigen Ausnahmen waren die Intellektuellen Söhne des Bürgertums, die ehrlich und begeistert progressiven Idealen anhingen und wie immer in solchen Fällen zutiefst enttäuscht waren, als sie feststellen mußten, daß sich diese nie verwirklichen lassen würden. Daraufhin flüchteten sie sich in die Exzentrizität. Was konnten sie auch anderes tun? Sie haben uns ihre Kunst vermacht, das ist schon viel. Möglicherweise sind letztlich nur die Tyrannen auf der Höhe der Geschichte.

Linie – *latiguillo* (kleine Peitsche) oder *coup de fouet* genannt –, die Verwendung des Holzes und die Darstellung allegorischer, symbolistisch beeinflußter Figuren. Fotografie A. Mas. Institut Amatller d'Art Hispànic-Arxiu Mas, Barcelona.

»Wir wollen Dichter sein«

Künstler und Dichter

Obwohl die Familien meistens den Werdegang ihrer Söhne vorentschieden, gab es für diese auch noch andere berufliche Möglichkeiten als die Fortführung des Familiengeschäfts. Im äußersten Fall konnte ein junger Barcelonese nach Südamerika oder auf die Philippinen auswandern, wo, wie erwähnt, noch immer zahlreiche wichtige katalanische Siedlungen existierten, die bereit waren, ihn herzlich, wenn auch nicht ganz ohne Mißtrauen aufzunehmen und ihm den Weg zu ebnen, falls er das auf Grund seines Verhaltens verdiente. Er konnte auch innerhalb Spaniens selbst auswandern, insbesondere nach Andalusien, wo einige Katalanen mit Öl und Kork ein Vermögen gemacht hatten, obwohl diese Art Abenteuer Ende des Jahrhunderts nicht mehr rentabel war. Und mochte er sein Land nicht verlassen, so konnte er ins Kloster gehen, wenn er sich dazu berufen fühlte, und in geistiger Zurückgezogenheit ein ruhiges Leben des Studierens führen oder die Militärlaufbahn einschlagen, mit der sich viele Katalanen unvergänglichen Ruhm erworben hatten. Hingegen konnte er nicht als Beamter in die Zentralverwaltung eintreten oder sich der Politik widmen – das waren Dinge, die die Katalanen aus Prinzip nicht taten. Und schließlich konnte er, zur Verzweiflung seiner Familie, die darin den größten aller Fehler sah, sein Leben der Kunst widmen.

Ein Leben für die schönen Künste wurde vom katalanischen Bürgertum immer mit Besorgnis gesehen, nicht nur, weil sie von Menschen mit wirren Ideen, ausschweifenden Sitten und zweifelhaftem Ruf ausgeübt wurden, sondern weil es ihrer Meinung nach auf der ganzen Welt keinen unsichereren Beruf gab. Doch diese Mißbilligung hinderte die jungen Menschen nicht daran, den Ruf der Kunst zu vernehmen und ihm in wachsender Zahl zu folgen, denn für den, der sie spürt, ist die künstlerische Neigung immer stärker gewesen als das damit verbundene Risiko, und in der Praxis existierte das Paradox, daß, während der gute Familienvater seine Söhne von den Gefahren und Unsicherheiten des Künstlerlebens zu überzeugen versuchte, der gute Bürger die Kunst indirekt unterstützte.

Wohnungsinterieur von Apel·les Mestres im Pasaje Permanyer. Apel·les Mestres, Sohn von Josep Oriol Mestres, war Zeichner, Schriftsteller und Musiker. Diese vielseitige Persönlichkeit, wie auch einige der wichtigsten modernistischen Künstler es sein werden, läßt sich als eine Art Vorläufer der Modernisten betrachten, da er, ganz auf der Linie von William Morris und den englischen Präraffaeliten, seine von ihm selbst auserlesen illustrierten Bücher als Gesamtkunstwerk verstand. Fotografie A. Mas. Institut Amatller d'Art Hispànic-Arxiu Mas, Barcelona.

Tatsächlich mußte er, nachdem sich die Wirtschaft einmal stabilisiert und seine Klasse Fuß gefaßt hatte, nachdem Haus und Stadt vergrößert und sein Prestige in den eigenen und den Augen der Welt gefestigt waren, sich verewigen, der Nachwelt seine Stimme und sein Bild vermachen. Das Barcelona jener Zeit brauchte Dichter, Maler und Bildhauer.

Ein wesentliches Element für die Wiedergewinnung der katalanischen Identität waren die sogenannten *Juegos Florales* (Blumenspiele). Heute mag es erstaunen, daß ein literarischer Wettbewerb nicht nur zu einem gesellschaftlichen Ereignis von gewissem Rang werden, sondern das Rückgrat einer ganzen kulturellen und nationalen Bewegung bilden konnte, aber bis zu einem gewissen Punkt war es tatsächlich so.

Das Phänomen ist jedoch weniger überraschend, als es auf den ersten Blick aussieht oder uns aus heutiger Perspektive erscheinen mag. Zunächst müssen wir berücksichtigen, daß die Poesie bis vor kurzem im Leben der Menschen eine wichtige Rolle gespielt hat. Die Volkstradition und -weisheit wurde durch die

Dichtung am Leben erhalten und weitervermittelt. Diese diente als Chronik und Ideenlehre und sogar, reduziert auf den knappsten Ausdruck, als praktischer Ratgeber. Mit Gedichten drückten die Söhne und Töchter Liebe und Respekt für die Eltern aus, die Verliebten Zärtlichkeit und Aufrichtigkeit und beide die Liebe, die sie für ihr Land, seine Menschen und Landschaften verspürten. Es gab religiöse, patriotische, lyrische, didaktische, politische und satirische Dichtungen. Jede Zeitung oder Zeitschrift widmete einen Teil ihres Inhalts der Dichtung, und es fehlte auch nicht an volkstümlichen Publikationen, die ausschließlich Gedichte und Lieder druckten. Daraus geht hervor, daß man damals von dieser nicht dieselbe formale Strenge forderte wie heute. Mit bemerkenswerten Ausnahmen gab sich der Leser mit etwas Reim und Rhythmus zufrieden, die die Lektüre des Gedichts angenehm machen und erlauben sollten, es ohne allzugroße Anstrengung auswendig zu lernen. Gedichte zu schreiben war damals so alltäglich, wie ein Musikinstrument zu spielen, und beide Betätigungen waren gleichermaßen funktional. Es gab auch kaum jemanden, der nicht eine ganze Anzahl Gedichte auswendig gekonnt hätte, auf die er gern zurückgriff, um sich von ihnen leiten zu lassen, wenn ihn das Leben oder eine ästhetische Erfahrung besonders berührte, oder auch zur Untermauerung einer Behauptung, denn jeder in Versen ausgedrückte Gedanke hatte von vornherein ein sozusagen unbestreitbares Gewicht.

Trotz aller Unterschiede konnte eine Dichterlesung, und erst recht ein Poesiewettbewerb mit seinem ganzen emotionalen Gewicht, vor einem Jahrhundert beim Publikum dieselbe Mischung aus Lust und Leidenschaft und Begeisterung wecken wie heutzutage ein Rockkonzert. Dem ist beizufügen, daß es die katalanischen Juegos Florales mit Form und Symbolik erlaubten, über die Zeit hinweg eine Brücke zu den Dichterwettbewerben von Troubadouren und Spielleuten zu schlagen, und nichts behagte damals den Katalanen so sehr, wie sich auf die ferne Epoche rückzubeziehen, in der Katalonien die Zügel seines Schicksals noch nicht aus der Hand gegeben und sich durch Handel und Waffen eines guten Teiles des Mittelmeerraums bemächtigt hatte.

Aus diesen Gründen waren die Juegos Florales also ein wichtiges Ereignis – und auch, weil sich alle einig waren, daß sie

Werkstatt Antoni Gaudís, direkt in der Sagrada-Familia-Kirche, mit der er 1883 begann und der er sich von 1910 bis zu seinem Tod 1926 fast ausschließlich widmete. Interessant, weil weniger bekannt als die architektonischen Aspekte seiner Arbeit, ist der Umstand, daß sich Gaudí um sämtliche Details des Werks selbst kümmerte. So führte er nicht nur die Lampen, sondern auch alle Skulpturen der Kirche aus. Dazu fertigte er zuerst einen Entwurf aus Drähten und Maschengeflecht und machte dann den Abguß direkt nach der Natur, wozu er einfache Leute aus dem Viertel eingipste. Fotografie A. Mas. Institut Amatller d'Art Hispànic-Arxiu Mas, Barcelona.

wichtig zu sein hatten. 1888 beschlossen die Organisatoren der Barceloneser Juegos Florales (in jenen Jahren gab es keine katalanische Ortschaft, die nicht ihre eigenen Juegos organisierte), das Datum ihrer Durchführung zu ändern, damit die regierende Königin sie präsidieren konnte, die anläßlich der Eröffnung der Weltausstellung in der Stadt weilte. Diese Entscheidung sagte nicht allen zu, so daß 1888 zwei Juegos Florales durchgeführt wurden. Die Abspaltung des radikalen Katalanismus vom Stamm des offiziellen, realistischeren Katalanismus mußte sich natürlich in einem so wichtigen Ereignis wie den Juegos Florales widerspiegeln.

Das Präsidium dieser Juegos hatte immer eine herausragende Persönlichkeit inne, nicht notwendigerweise ein Literat, und im Verlauf des Wettbewerbs wurden Reden zu den brennenden Themen des Augenblicks gehalten. Man darf nicht vergessen, daß Reden damals keine lästige, aber unumgängliche Formalität waren wie heute und daß Eloquenz geschätzt wurde und im Publikum hitzige Leidenschaften wecken konnte. Natürlich wurde alles, was mit den Juegos zusammenhing, von der Presse ausgiebig verbreitet.

»Künstler des ›Boul'Mich'‹; junge langhaarige Männer«

Die bildenden Künste

Wer mit einem bißchen Aufmerksamkeit die Säle des Barceloneser Museu Nacional d'Art de Catalunya von Barcelona durchwandert, wird feststellen, daß die bildenden Künste während des Modernisme eine Qualität und Schönheit erreichten, die die katalanische Kunst seit dem Mittelalter nicht mehr gekannt hatte. Tatsächlich erschienen im Barcelona dieser Zeit binnen kurzem zahlreiche erstrangige Künstler, von denen einige jedoch im Lauf ihrer Karriere entscheidend vom Geschmack eines Bürgertums beeinflußt wurden, das zwar bereit war, die beste europäische Architektur des Augenblicks zu fördern, zugleich aber auf dem Gebiet der Malerei eine ganz andere Haltung einnahm. 1885, drei Jahre vor der Durchführung der Weltausstellung, hatte die Familie Güell den jungen Gaudí, der eben die Casa Vicens in der Calle Carolinas fertiggestellt hatte, mit dem Bau ihres Palasts in der Calle Conde del Asalto beauftragt. Noch vorher, 1880, hatte Domènech i Montaner in der Calle Aragón den Verlag Montaner i Simon gebaut, mit dem er eine brillante Etappe begann, die im sogenannten Castell dels Tres Dragons in der Weltausstellung gipfeln sollte – drei Beispiele fortschrittlichster Architektur, für eindeutige Vertreter der wohlhabenden Klasse Barcelonas bestimmt.

In krassem Gegensatz zu dieser Einstellung war dasselbe Barceloneser Bürgertum für die Innovation in der Malerei kaum zu haben. In Barcelona war noch immer Genremalerei gefragt, die zwar von außerordentlicher Qualität war, der europäischen Avantgarde aber weit hinterherhinkte. Diese Malerei hatte sowohl privat als auch institutionell in der Stadt als einzige einen Markt, wie man aus den Werken ersehen kann, die auf der 1888er Weltausstellung oder auf den internationalen Ausstellungen gezeigt wurden, welche die Stadt Barcelona seit 1891 periodisch organisierte, oder auch aus den Bildern, die in der Sala Parés, damals ein Gradmesser für den diesbezüglichen Ge-

schmack der Barcelonesen, ausgestellt und verkauft wurden. Noch 1907, im selben Jahr, in dem Picasso *Les Demoiselles d'Avignon* malte, lehnte es die Stadt zum großen Nachteil ihrer Kunstschätze ab, die Werke zu kaufen, die die bekanntesten französischen Impressionisten – Manet, Monet, Pissarro, Renoir – auf der V. Internationalen Kunstausstellung von Barcelona gezeigt hatten. Diese Inkongruenz zwischen der katalanischen Malerei und der europäischen Avantgarde, die sich in jenen Jahren sehr rasch erneuerte, war nicht nur für den Modernisme kennzeichnend, sondern dauerte auch in der nächsten Periode an, dem sogenannten Noucentisme*.

Bis spät ins 19. Jahrhundert war Rom die Kunsthauptstadt der Welt gewesen. Dorthin waren auch die katalanischen Maler ge-

* Noucentisme: Kurz nach dem Erscheinen des Modernisme entstand eine neue Kunstrichtung, der Noucentisme, dessen wichtigster Theoretiker Eugeni d'Ors war. Der Noucentisme brach zwar nicht radikal mit dem Modernisme (beispielsweise vertrat er ebenfalls den Nationalismus und die Erneuerung der Kunst), bedeutete aber in ästhetischer Hinsicht eine radikale Veränderung: Der Einfluß von Paris und des Nordens, den der Modernisme assimiliert hatte, wurde abgelehnt zugunsten eines Klassizismus, der sich gleichzeitig auch in verschiedenen andern europäischen Ländern durchsetzte. Vernunft, Harmonie und reine Formen, sanfte mediterrane Landschaften und Frauengestalten mit ausgeprägten Rundungen waren die Stilideale des Noucentisme.

Plakat von Alexandre de Riquer für eine der internationalen Kunstausstellungen, die die Stadt Barcelona zwischen 1891 und 1911 nach dem Beispiel der großen europäischen Städte organisierte. In den ausländischen Abteilungen erschienen nie besonders relevante Namen – außer im Jahr 1907 –, in der spanischen dagegen beteiligten sich die namhaftesten katalanischen Künstler. Daß die Stadt Barcelona bei diesen Gelegenheiten zahlreiche Werke von ihnen erwarb, war entscheidend für den Ausbau des noch jungen Städtischen Museums. Museu Nacional d'Art de Catalunya, Barcelona.

Ramon Casas, *Plein Air*. Gegen 1890/91. Öl auf Leinwand. 51 x 66 cm. Museu Nacional d'Art de Catalunya, Barcelona. – Obwohl dieses und überhaupt alle Bilder, die Casas und Rusiñol zu Beginn der neunziger Jahre in Paris malten, nicht der grundsätzlichen Idee der impressionistischen Malerei, sondern nur einigen ihrer Merkmale entsprachen, wundert es nicht, daß sie wegen des offensichtlichen Einflusses von Degas und Whistler auf einige Ablehnung stießen, als sie zum ersten Mal in der Sala Parés in Barcelona ausgestellt wurden. Dennoch wurde *Plein Air*, als das Bild an der 1891er Ausstellung der Schönen Künste in Barcelona teilnahm, von der Stadt für das Städtische Museum gekauft, zweifellos weil sich einige Jurymitglieder für die Erneuerung der katalanischen Kunst einsetzten, etwa der Kritiker Ramon Casellas und der Zeichner Lluís Pellicer.

pilgert, um ihr Handwerk zu vervollkommnen. Im allgemeinen hatte die Stadtverwaltung oder der Stadtrat von Barcelona diese Aufenthalte subventioniert und im Gegenzug von den Stipendiaten verlangt, die dort fertiggestellten Arbeiten nach Hause zu schicken. Aber im letzten Viertel des Jahrhunderts hatte Paris diese Führungsrolle an sich gerissen, und alles hatte eine neue Wende genommen. Ramon Casas, Santiago Rusiñol und Miquel Utrillo fuhren nach Paris, wo sie schließlich gemeinsam das Moulin de la Galette im Montmartre-Viertel bezogen. Sie hatten von keiner Institution ein Stipendium, sondern waren auf eigene Rechnung und Gefahr gegangen, bereit, notfalls zu hungern und dürftig zu leben, aber auch fest entschlossen, daß dieser Fall nicht eintreten sollte – sie waren die rebellischen Söhne des katalanischen Bürgertums und wollten Glanz und Elend des Bohemelebens ausprobieren. Von Paris schickten sie Berichte nach Barcelona, deren berühmteste von Rusiñol verfaßt, von Casas illustriert und von der *Vanguardia* unter dem Titel *Aus meiner Mühle* abgedruckt wurden. Darin teilten sie ihre Eindrücke vom intellektuellen und künstlerischen Leben in Paris mit; ihre Proselytenmacherei hatte enormen Erfolg. Von diesem Augenblick an fühlten sich alle zukünftigen Künstler, die an der Llotja studierten, verpflichtet, sich in Paris weiterzubilden und die in Barcelona erworbene Ausbildung, kaum wären sie in Paris, über Bord zu werfen, obwohl die Llotja im ganzen 19. Jahrhundert Barcelonas Schule der schönen Künste gewesen war. Diese ju-

Santiago Rusiñol, *Laboratorium de la Galette.* Gegen 1890/91. Öl auf Leinwand. 97,5 x 131 cm. Museu Nacional d'Art de Catalunya, Barcelona. © Santiago Rusiñol, VEGAP, 2003. – Die als Katalysator für den Modernisme so wichtige Figur Santiago Rusiñols ist, was die Erneuerung der modernen katalanischen Malerei betrifft, von der seines Busenfreundes Ramon Casas nicht zu trennen. Zwar stellten beide ihre revolutionären Werke gemeinsam in der Sala Parés aus, aber Rusiñols malerische Laufbahn verlief nicht so brillant wie diejenige Casas', da er nicht dessen außerordentliche Begabung besaß und sich auch nicht ausschließlich der Malerei widmete. Aber in seiner Pariser Phase malte er eine Reihe Werke von beachtlichem künstlerischem Wert wie dieses.

gendliche Haltung war zwar nachvollziehbar, aber falsch, denn die Llotja hatte ihnen nicht nur sehr solide theoretische und praktische Grundlagen vermittelt, sondern auch den Austausch von Ideen und Neigungen sowie die Bildung kleiner Künstlergruppen ermöglicht. Das heißt nicht, daß die Reise nach Paris eine sinnlose Grille gewesen wäre. Im Gegenteil, das Paris jener Jahre oder allein schon die Entfernung von der etwas zugeknöpften Barceloneser Atmosphäre ließ im allgemeinen das Beste von jeder Künstlerpersönlichkeit zutage treten. Im übrigen pflegte die Reise, die den Familien der Künstler soviel Kummer bereitete, nicht schlimm zu enden: Die meisten kehrten wieder zurück, sobald sie ihre Bildungsmission als abgeschlossen betrachteten. Dann erfuhr ihre Entwicklung einen gewissen Stillstand, wenn nicht sogar einen entscheidenden Rückschritt. Diejenigen, die, mit sporadischen Ausnahmen, nie zurückkehrten, entwickelten sich dagegen weiter. Viele bezahlten ihren Eigensinn teuer, andere aber erwarben sich internationale Anerkennung: Picasso, Juli González, Pau Gargallo, Miró, Dalí. Die anderen, außer Joaquim Mir, der nie in Paris war, und Isidre Nonell, der zwar dort war, aber zurückkam, um sehr jung zu sterben, machten eine ganz ähnliche Entwicklung durch.

Die künstlerische Laufbahn eines so außerordentlichen Malers wie Ramon Casas, wahrscheinlich der begabteste der ersten Modernistengeneration, möge als Beispiel dienen. Casas entstammte einer zugleich wohlhabenden und repräsentativen Familie. Der

Vater war in Südamerika zu Geld gekommen, die Mutter hatte eine Spinnerei in Sant Benet de Bages geerbt. Er begann in der Carreras-Schule in San Gervasio zu studieren, einer angesehenen Institution, die er aber, da er sich nicht im geringsten zum Studieren hingezogen fühlte, bald wieder verließ, um mit Zeichnen und Malen zu beginnen. Er besuchte die Privatakademie von Joan Vicens, Maler und Lehrer an der Llotja; dann beschlossen seine Eltern, er solle sich im Ausland weiterbilden. Mit erst fünfzehn Jahren trat Ramon Casas in die Akademie des Malers Carolus-Durand ein, damals eine berühmte Anstalt in Paris, wo junge Künstler ausgebildet wurden. Danach lebte er zu Beginn der goldenen neunziger Jahre einige Monate mit Utrillo und Rusiñol in Paris. Er war außerordentlich kunstbegabt, aber seine intellektuelle Neugier war nie überbordend. Von den Impressionisten übernahm er die formalen Entdeckungen, aber nicht das eigentliche Gedankengut, die neue Art, die Kunst und den Künstler zu begreifen. In allem, was Casas in Paris malte, zeigt sich dieser formale Einfluß, aber einen wirklichen Bruch mit seiner vorherigen malerischen Ausbildung gibt es in seinen Werken nicht. Trotzdem rief diese zumindest oberflächliche Assimilation große Erregung hervor, als er nach der Rückkehr aus Frankreich seine Bilder in der Sala Parés ausstellte. Die Barcelonesen waren nicht an diese innovative Malerei gewöhnt, die das Thema durch die Momentaufnahme ersetzte, das stereotype Porträt durch das gleichberechtigte Nebeneinander von Menschen und Landschaften auf dem Bild ersetzte, die Stadtlandschaft, manchmal monothematisch, mit einbezog und letzten Endes für das revolutionäre Prinzip des L'art pour l'art Partei ergriff.

Aber Casas hatte nur den Inhalt, nicht die Sprache geändert – auf die Ablehnung folgte die Versöhnung. 1891 kaufte die Stadt Barcelona, die sich nie durch avantgardistische Neigungen ausgezeichnet hatte, Ramon Casas für das Städtische Museum sein berühmtes Bild *Plein Air* ab, dessen Titel eindeutig eines der Postulate des Impressionismus evoziert. 1894 bildeten sich in der Sala Parés lange Schlangen, um *Die Würgschraube* zu sehen. 1898 wurde er mit gefälligen Genrebildern und Familienporträts beauftragt und verfügte somit über genügend Geld und Antrieb, um die Richtung seiner Malerei seinem Geschmack anzupassen oder wenigstens anzunähern. Dessen ungeachtet war das Legat dieser Maler entscheidend. Sie waren es, die den katalanischen

Ramon Casas, *La Madeleine*. 1892. Öl auf Leinwand. 117 x 90 cm. Im Besitz des Museu de Montserrat. – Dieses im Moulin de la Galette in Paris entstandene Gemälde ist ein wunderbares Beispiel für die neue Art, das Thema des Bildes anzugehen – eine der Hauptinnovationen, die Casas und Rusiñol in der katalanischen Malerei des Modernisme einführten –, indem ein flüchtiger Augenblick wie ein fotografischer Schnappschuß festgehalten wird, in einer Komposition, deren Elemente die Grenzen des Bildes zu sprengen scheinen, und mit einer neuen Farbenbehandlung, die nichts mehr zu tun hat mit der kräftig-kontrastreichen Farbigkeit der Genremalerei, wie sie damals in Mode war.

Josep Llimona, *Trostlosigkeit*. 1907. Marmor. 67x76x80 cm. Museu Nacional d'Art de Catalunya, Barcelona. – Der Bildhauer Josep Llimona, mit seinem Bruder Joan eines der wichtigsten Mitglieder des Cercle de Sant Lluc – einer Vereinigung von Künstlern mit ausgeprägt katholischen Überzeugungen, um das Gedankengut und die Sitten der Modernisten zu bekämpfen –, ist zugleich der repräsentativste Künstler der modernistischen Plastik. Dieses scheinbare Paradox erklärt sich zum Teil daraus, daß im Modernisme Ideologie und Ästhetik nicht immer Hand in Hand gingen, und auch, daß diese in formaler Hinsicht so modernistischen Werke zu einem Zeitpunkt entstanden, als der ideologische Modernisme bereits überwunden war. Diese Skulptur hatte 1903 eine Vorgängerin in einer gleichartigen Figur, die zusammen mit einer anderen zu einem Grabmal gehörte. 1917 sollte Llimona dann eine weitere, größere Variante für den Teich im Parque de la Ciudadela machen. *Trostlosigkeit*, ein Musterbeispiel für die modernistische Bildhauerei, ist stark von *Danaide* inspiriert, die Rodin 1885 fertigstellte, ein Bildhauer, der auf die katalanische Plastik dieser Zeit einen entscheidenden Einfluß ausübte.

Josep Llimona, *Jugend*. Um 1924. Marmor. 51x35x27 cm. Museu Nacional d'Art de Catalunya, Barcelona.

Künstlern – und nicht nur ihnen – die Augen für die neuen Strömungen öffneten, die der auf der katalanischen Malerei lastenden Verknöcherung und Provinzialität ein Ende setzten, die der Folgegeneration den Weg ebneten. Ihnen verdanken wir das unmittelbarste, verständlichste Bild jenes Barcelonas oder seines Traums: die Stadtlandschaften, die idealisierte Eleganz und vage Erotik der Frauen, die matten Mußestunden, die saubere Luft, die buntscheckigen Straßen, die glänzenden Kutschen, die Salons. Sie waren es, die die intellektuelle und künstlerische Vitalität und Erregung, die sie in Paris kennengelernt hatten, wie ein Reisemitbringsel nach Barcelona brachten.

Was die Bildhauerei betrifft, so erlebte sie in diesem Zeitraum eine große Blüte, die zum guten Teil darauf zurückzuführen ist, daß das modernistische Barcelona bildhauerische Monumente brauchte, um das neue Gesicht der Stadt zu verschönern. Aber formal hatten diese Skulpturen keinerlei Beziehung zum charak-

Joaquim Mir, *Der Felsen im Teich*. Um 1903. Öl auf Leinwand. 102 x 128 cm. Museu Nacional d'Art de Catalunya, Barcelona. – Mir, der avantgardistischste Maler dieser Periode und zufällig der einzige, der nicht nach Paris ging, ist der beste Landschaftsmaler der Zeit, wenn nicht der ganzen modernen katalanischen Malerei. Nach der Ausbildung, ganz auf der Linie der genrehaften Landschaftsmalerei, und nachdem er der *Colla del Safrà* angehört hatte, zog er mit Santiago Rusiñol nach Mallorca. (Die *Colla del Safrà*, die Safrangruppe, hat ihren Namen von den Farben, die ihre Mitglieder benutzten und die in ihrer rötlich-gelben Tönung an Safran erinnern.) Dort begann zwischen 1899 und 1903 seine ganz besondere, spektakuläre Sicht der Landschaft, die ihren Niederschlag in einer Reihe von Bildern von unbestreitbarer künstlerischer Qualität fand. 1903 stürzte er sich von einer Steilküste hinunter, wie er sie so oft gemalt hatte. Nach diesem – zufälligen oder beabsichtigten – Zwischenfall wurde er in die Psychiatrische Anstalt Reus eingewiesen. Nach dreijähriger Zurückgezogenheit, in der er nicht zu malen aufhörte, ließ er sich im Campo de Tarragona nieder. Dort malte er zwischen 1906 und 1910 eine Serie außerordentlicher Landschaften, die die in Mallorca begonnene Etappe krönten und den Höhepunkt der katalanischen Malerei bedeuteten. Dieses Werk und das *Terrassendorf* betitelte sind zwei großartige Beispiele für Mirs Mallorca- bzw. Tarragona-Phase.

Joaquim Mir, *Terrassendorf*. Gegen 1909. Öl auf Leinwand. 121 x 164 cm. Museu Nacional d'Art de Catalunya, Barcelona.

teristischen Stil der eigentlichen modernistischen Bildhauerei. Die meisten von ihnen passen perfekt zu den alten akademischen Genreskulpturen: das Kolumbus- und das Clavé-Denkmal oder die Dame mit dem Regenschirm im Zoo (Parque de la Ciudadela). Ein noch deutlicheres Beispiel dafür ist das Greco-Denkmal in Sitges, das 1898 in voller modernistischer Glut auf Initiative Santiago Rusiñols errichtet wurde, des Hohenpriesters dieser Bewegung – es wurde bei Josep Reynés bestellt, einem akademischen Bildhauer par excellence.

Tatsächlich begannen die katalanischen Bildhauer, die wir heute mit dem Modernisme identifizieren, also Josep Llimona, Miquel Blay, Enric Clarasó und Eusebi Arnau, um nur die herausragendsten zu nennen, mit der realistischen Bildhauerei, fügten ihren Werken dann zunehmend modernistische Elemente bei, bis sie sich der Bewegung schließlich vorbehaltlos anschlossen, was erst ganz zu Beginn des 20. Jahrhunderts geschah. Eine der Vorzeigeskulpturen des Modernisme, *Trostlosigkeit* von Llimona, stammt aus dem Jahr 1907, obwohl eine etwas frühere erste Version von 1903 existiert, die für ein Grabmal bestimmt war, wo sie, zusammen mit einer weiteren Figur, von einer Tunika bedeckt ist.

1897 wurde in Barcelona ein Lokal eröffnet, das für die Konsolidierung des Modernisme als künstlerische Bewegung entscheidend sein sollte. Treibende Kraft dafür war Pere Ro-

Ramon Casas, Plakat *Anís del Mono* (Affenanis). 1898. Museu Nacional d'Art de Catalunya, Barcelona. – Während des Modernisme schrieben einige Firmen Plakatwettbewerbe aus, um ihre Produkte zu verbreiten, was zeigt, wie stark diese Art Werbung schon verwurzelt war. Ramon Casas, Gewinner des von der Fabrik Anís del Mono organisierten Wettbewerbs, ist der Hauptvertreter der modernistischen Plakate der sogenannten realistischen Strömung. Sie sind französisch beeinflußt, auf der Linie von Toulouse-Lautrec und Steinlen, und gewöhnlich von einfacher, flächiger Komposition in lebhaften Farben, die eine möglichst starke Wirkung auf den Betrachter ausüben sollen.

Interieur des Hauptgastraums von Els Cuatre Gats, wo sich die Künstler und Intellektuellen des Modernisme zu treffen pflegten und ihre Werke ausstellten, unter vielen anderen Nonell, Picasso und Regoyos. Das Lokal befand sich im Erdgeschoß eines 1895/96 von Puig i Cadafalch erbauten Hauses in der Calle Montesión. Seine Ausstattung war eine Kombination von neogotischen architektonischen und volkstümlichen Elementen wie Keramiktellern, -kacheln und -krügen und zahlreichen Zeichnungen und Bildern, deren auffallendstes Ramon Casas' *Tandem* war. Fotografie A. Mas. Institut Amatller d'Art Hispànic-Arxiu Mas, Barcelona.

meu, von dem uns Ramon Casas mehrere Porträts und Rubén Darío folgende Beschreibung hinterlassen hat: »Großgewachsen, schlank, mit langen Haaren, Typus Pariser Quartier Latin, dessen schwarze Kleidung mit einer präpotenten Krawatte beblumt ist, die ihre grellen Farben ich weiß nicht wie sehr heraustrompetet *pour épater le bourgeois.*« Romeu hatte eine Zeitlang in Paris gelebt, wo er in einem Nachtklub namens *Le Chat Noir* gearbeitet und sich mit Miquel Utrillo angefreundet hatte, mit dem er in einem Stück des chinesischen Schattenspiels mitwirkte, das damals sehr in Mode war. Wieder in Barcelona, eröffnete er eine Gymnastikhalle, in die Utrillo und Casas gingen. Wahrscheinlich verbrachten sie mehr Zeit mit Plaudern als mit Gymnastik. Als sich Santiago Rusiñol dem Trio beigesellte, schloß die Halle ihre Türen und wurde durch ein Lokal im Pariser Stil ersetzt, dem sie den Namen *Els Cuatre Gats* gaben, zugleich eine Hommage ans *Chat Noir* und ein Wortspiel (»quatre gats«, wörtlich »vier Katzen«, bedeutet im übertragenen Sinn »nur ein paar wenige Leute«), das auf den minoritären Charakter des Projekts hinwei-

Ramon Casas, *Ramon Casas und Pere Romeu auf einem Tandem*. 1897. Öl auf Leinwand. 191 x 215 cm. Museu Nacional d'Art de Catalunya, Barcelona. – Dieses Bild dominierte den Hauptgastraum von Els Cuatre Gats. Es war ein Selbstporträt von Casas mit seiner typischen Zigarre in der Pfeife, zusammen mit seinem Freund Pere Romeu, Besitzer des Lokals und großer Sportsfreund. Dieses Hobby ließ ihn in Barcelona eine Gymnastikhalle eröffnen, wo er sich durch Utrillo mit Casas und Rusiñol anfreundete. Das zunächst *Ende des 19. Jahrhunderts* betitelte Bild war eine Hommage an den damals sehr populären Radsport und bildete mit einem weiteren Casas-Bild ein Paar, *Beginn des 20. Jahrhunderts*, auf dem ein Auto zu sehen war, in jenen Jahren ein den privilegierten Klassen vorbehaltenes Fortbewegungsmittel. Casas war einer der ersten Barcelonesen, die ein Auto besaßen.

sen sollte. Es befand sich im Erdgeschoß eines Hauses in der Calle Montesión, das 1894/95 nach Plänen des frischgebackenen Architekten Josep Puig i Cadafalch erbaut worden und vom Bankier Manuel Girona finanziell unterstützt worden war – etwas ziemlich Unerklärliches, denn Girona war von Natur aus jeder Verschwendung abhold. Vielleicht hatte der Umstand, daß Pere Romeus Schwiegermutter im Hause Girona Köchin gewesen war, diesen zum Nachgeben gebracht.

Das Lokal hatte einen Gastraum, den Rubén Darío, der es 1899 besuchte, so beschrieb: »Darin finden wohl nicht mehr als hundert Personen Platz. Er ist geschmückt mit Plakaten, Feder- und Tuschzeichnungen, Drucken, Skizzen und auch ganzen Bildern der jungen, neuen Barceloneser Maler, worunter insbesondere die von Meister Rusiñol signierten hervorstechen. [...] Im fast vollen Lokal fielen anmutig mehrere – intellektuelle, wie man uns sagte – junge Damen auf, die aber nicht Botticelli oder Aubrey Beardsley waren, weder Frisur noch Kleidung machten auf snobistisch. Es wimmelte von Künstlertypen des *Boul' Mich'*; junge langhaarige Männer, 1830er und andere Krawatten...« Es war ein unprätentiöses Lokal. Obwohl es sich als Restaurant mit katalanischer und französischer Küche anpries – von offenbar ziemlich unausgeglichener Qualität –, war es eigentlich eine

Werbeplakat für Els Cuatre Gats von Ramon Casas, der nicht zögerte, die Hauptrolle ganz seinem engen Freund Pere Romeu zu überlassen, dem Besitzer des Lokals. Casas porträtierte Romeu sehr oft und zeichnete sogar dessen Vermählungsanzeige. Er entwarf auch – allein oder mit Utrillo – die Plakate, die die Schattentheater- und Pulcinella-Vorstellungen ankündigten, die im Els Cuatre Gats stattfanden. Für die Speisekarte des Lokals war der junge Pablo Ruiz Picasso verantwortlich. Museu Nacional d'Art de Catalunya, Barcelona.

Detail des Paneels aus dem Mittelstück der Intarsienarbeit der Sofa-Bank aus dem Haus Lleó Morera, eine Arbeit von Gaspar Homar nach einer Zeichnung von Josep Pey. Gegen 1904. Museu Nacional d'Art de Catalunya, Barcelona.

Miquel Blay, *Der erste Frost*. 1892. Marmor. 138 x 100 x 70 cm. Museu Nacional d'Art de Catalunya, Barcelona. – Blay, der modernistische Bildhauer, der schon sehr bald und am längsten in Paris lebte, war der erste, der von Rodin beeinflußte modernistische Elemente in seine frühen Skulpturen mit einbezog, die noch von ausgeprägt realistischer Art waren. Ein gutes Beispiel hierfür ist dieses Werk, in dem das Thema und die Behandlung der Figur des Alten realistisch sind, während sich in Haltung und Ausdruck des Mädchens deutlich die Charakteristika der eigentlichen modernistischen Plastik zeigen. Üblicherweise hat allerdings die Frauenfigur die Hauptrolle inne; im allgemeinen sind es sinnliche Frauen, meistens nackt, in schmachtender Haltung, mit halb geschlossenen Augen und langen, in Wellen fallenden Haaren, die das Gesicht ganz oder teilweise verdecken und ihnen eine rätselhafte oder geheimnisvolle Aura verleihen. Wie in der Architektur und den angewandten Künsten dominiert auch in der Bildhauerei die gebogene Linie über die gerade.

Hermen Anglada Camarasa, *Le paon blanc.* Sammlung Carmen Thyssen-Bornemisza, im Depot des Museums Thyssen-Bornemisza. © VG Bild-Kunst, Bonn 2006. – Anglada Camarasa, der jüngste Maler der modernistischen Generation, der zusammen mit Mir und Nonell das Niveau der katalanischen Malerei weiter hob, war von allen der einzige, der internationalen Ruhm fand. Wie bei Mir war auch für ihn die Farbe die Hauptobsession. Am Ende seiner Lehrzeit in Barcelona zog er nach Paris und handelte unter dem Einfluß von Degas und Toulouse-Lautrec in vielen

schlichte Gaststätte, die bis weit in die Nacht hinein geöffnet war und wo man nach dem Theater oder Konzert hingehen konnte. Während seines Bestehens war es ein Treffpunkt der Barceloneser Intellektuellen und Nachtschwärmer und sein Besuch ein Muß für aufgeschlossene Reisende. Hier versammelten sich Schriftsteller und Journalisten, Schauspieler und Musiker nach Theaterschluß und die Sänger am Ende der Vorstellung im Liceo. Es war immer gedrängt voll von enthusiastischen Gästen, die viel redeten und wenig konsumierten. Das kümmerte Pere Romeu nicht allzusehr, die Diskussionen an den Tischen waren ihm wichtiger als eine klingelnde Kasse. Trotzdem mußte sich das Geschäft rentieren, so daß er eine Reihe Aktivitäten organisierte, die ihn vor dem Bankrott bewahrten. Noch im Jahr seiner Eröffnung gab es Schattentheatervorstellungen, Darbietungen von unleugbarer Qualität, die jedoch beim Publikum anscheinend nicht sehr gut ankamen, denn sie wurden nach wenigen Monaten wieder eingestellt. Mehr Erfolg hatten dagegen die Mario-

Bildern das Pariser Nachtleben ab. So auch in diesem Bild, das 1900 von Rusiñol erworben wurde. Ihren Höhepunkt erreichte seine Karriere gegen 1904 mit Werken, die sich mit der Folklore von Valencia befassen. Sich immer von der Farbe leiten lassend, malte er weiterhin Landschaften der Insel Mallorca, der er bis an sein Lebensende verbunden blieb.

Dionís Renart, *Blumenvase*. Mehrfarbige Glaspaste. 77,5 x 24 cm. Museu Nacional d'Art de Catalunya, Barcelona.

Miquel Blay, *Frau und Blumen.* Marmor. 66 x 68 x 42 cm. Museu Nacional d'Art de Catalunya, Barcelona.

nettenaufführungen, die bis zur Schließung des Lokals 1903 stattfanden. Das Publikum bestand aus Kindern, die von ihren Vätern begleitet wurden, welche unter diesem Vorwand das berüchtigte Lokal, in das sie sonst nie einen Fuß zu setzen gewagt hätten, betreten, in sämtlichen Winkeln herumschnüffeln und ihrer Fantasie freien Lauf lassen konnten. Im Els Cuatre Gats stellten die jungen Künstler ihre Werke aus, etwa Nonell oder Picasso, der 1900 hier ein Ölgemälde und eine Reihe Kohleporträts zeigte, ähnlich wie sie Casas ein Jahr zuvor in der Sala Parés ausgestellt hatte. Herausgegeben von Pere Romeu, erschien in diesem Lokal auch eine Zeitschrift, die natürlich *Cuatre Gats* hieß und unter anderen von Nonell, Casas, Mir, Ricard Opisso und Xavier Gosé illustriert wurde. Ihr ursprüng-

licher Zweck war es, über die Aktivitäten im Lokal zu informieren. Der Erfolg war gering, vielleicht weil, wie Pere Romeu in einem seiner Leitartikel behauptete, die Verkäufer sie auf der Straße nicht ausriefen, womit nach seinen Worten das Überleben jeder Publikation stand und fiel. Wie vorauszusehen war, hielt sich die Zeitschrift nur kurz, aber sie war die Vorgängerin von *Pèl & Ploma* (Haar & Feder), die kurz nach ihrem Eingehen erschien. Anfang des 20. Jahrhunderts begann der Ruf des Lokals zu schwinden – das Fieber des Modernisme ging allmählich zurück, und die Jungen, die die frei werdenden Plätze in seinen Reihen hätten einnehmen sollen, waren nach Paris gezogen wie einst die Gründer von Els Cuatre Gats. 1903 bekam das Lokal einen neuen Mieter: Paradoxerweise zog nun der Cercle Artístic

Marià Pidelaserra, *Innenhof eines Krankenhauses aus der Vogelperspektive*. 1900. Öl auf Leinwand. 75 x 88,5 cm. Museu Nacional d'Art de Catalunya, Barcelona. – Pidelaserra verbrachte nur die zwei Jahre von 1899 bis 1901 in Paris, die aber ausreichten, um ihm die Augen für eine neue künstlerische Wirklichkeit zu öffnen, diejenige des Impressionismus, wie man auf diesem Bild feststellen kann. Aber auch in diesem Fall lehnte das Barceloneser

Publikum (nicht die Kritik) die Werke ab, als er sie in der Sala Parés ausstellte. Im Gegensatz zu denen, die, wie Nonell, über den Mißerfolg hinweggingen und ihren vorgezeichneten Weg weiterverfolgten, und zu denen, die sich dem Geschmack des Barceloneser Publikums anpaßten, gab Pidelaserra die Malerei zeitweilig auf und widmete sich dem Familiengeschäft.

Ricard Canals, *Musikcafé*. Gegen 1903. Öl auf Leinwand. 50 x 66 cm. Museu Nacional d'Art de Catalunya, Barcelona. – Canals malte dieses Bild in Paris, wo er von 1897 bis 1907 ohne Unterbrechung lebte. Er hatte, zusammen mit Mir und Nonell, der Safrangruppe angehört und seine besten Werke in der Pariser Zeit geschaffen, in der er entscheidend von Degas (wie bei diesem Bild) und Renoir beeinflußt wurde. Canals, seit den Jahren, in denen beide in Barcelona lebten, Freund von Picasso, wohnte mit diesem von 1904 bis 1907 in Paris zusammen, in einer Periode, in der Picasso das berühmte Bild von Canals' Frau malte, das im Barceloneser Picasso-Museum zu sehen ist. Canals, zweifellos begabt für die Malerei, ist ein deutliches Beispiel für die Stagnation und das Nachlassen in einer brillanten Künstlerkarriere, wie sie sich bei mehreren katalanischen Künstlern einstellten, nachdem sie aus Paris zurückgekehrt waren und sich definitiv in Barcelona niedergelassen hatten.

de Sant Lluc ein, eine Vereinigung kompromißloser katholischer Künstler, die 1893 von den Gebrüdern Llimona, dem Maler und dem Bildhauer, gegründet worden war, um die weltlichen Ideen und Gepflogenheiten der Modernisten zu bekämpfen. Kein anderes Lokal konnte aber die Lücke füllen, die *Els Cuatre Gats* hinterlassen hatte, und seine ehemaligen Besucher mußten sich daran gewöhnen, ohne es zu leben. Von Pere Romeu, der die Seele des Unternehmens gewesen war, wissen wir nicht viel, außer daß er am 23. Dezember 1908 mit sechsundvierzig Jahren im Kreise seiner Familie starb, nachdem er »die Sterbesakramente« empfangen hatte, wie es in der Todesanzeige der *Vanguardia* vom nächsten Tag heißt. »Pere Romeu«, steht in einem sehr kurzen, in der Folgenummer dieser Zeitung erschienenen Bericht, »hatte dem Modernisme starke Impulse gegeben, wimmelt es doch seither von Leuten, die sich kleiden wie er. Vor einigen Jahren hatte er seine ursprünglichen Leidenschaften aufgegeben, um sich der Automobilindustrie zu widmen, doch er bewahrte sich für immer die Popularität und die Sympathien aus anderen Zeiten. Möge in Frieden ruhen, der soviel zur Freude und Kultur in Barcelona beigetragen hat.«

»Hier ist alles Helligkeit, alles Duft«

Die modernistischen Feste in Sitges

Als Doña Emilia Pardo Bazán am 19. Juli 1895 Sitges besuchte, war sie schon eine renommierte Autorin, eine Frau, die man als »energisch« zu bezeichnen pflegte, und eine in jeder Hinsicht großartige Persönlichkeit. Für den Besuch hatte sie sich der Begleitung des Theaterautors Àngel Gimerá versichert und sich vom Schriftsteller Josep M. Jordà ein Empfehlungsschreiben bei Santiago Rusiñol geben lassen, der Grund und Ziel dieses Besuches war. Zwei Jahre zuvor hatte Rusiñol in Sitges mehr oder weniger festen Wohnsitz genommen und dieses kleine Küstenörtchen zum Heiligtum der modernistischen Bewegung gemacht. Vorher hatte er mit dem Bildhauer Enric Clarasó in der Calle Muntaner ein auf den Namen *Cau Ferrat* getauftes Atelier geteilt, was man etwa mit »Eisenhöhle« übersetzen könnte, da er dort seine Schmiedeeisensammlung aufbewahrte. Zudem diente dieses Atelier als Begegnungsstätte, wo sich einige dem Modernisme anhängende Künstler zum Gespräch trafen. Mit der Zeit wurde beides, das Atelier und die Versammlungen, zu klein.

Im Oktober 1891 brachen Rusiñol und sein Freund Eliseu Meifrèn, Maler wie er, von Barcelona in einem Planwagen nach Vilanova i la Geltrú auf, wo sie das Museum besuchen wollten, das der Historiker und Politiker Víctor Balaguer 1882 zur Unterbringung seiner Privatsammlung gegründet hatte. Da der Zustand der Straße und das gewählte Fortbewegungsmittel die Fahrt ziemlich lang und beschwerlich machten, legten die beiden Freunde in Sitges eine Ruhepause ein, einem Fischerdörfchen, das schon früher das Interesse einiger Barceloneser Maler geweckt hatte, etwa Arcadi Mas i Fontdevila und Joan Roig i Soler, zwei Anhänger von Marià Fortuny, die entschlossen waren, das gewaltige Mittelmeerlicht in ihrem Werk festzuhalten. Rusiñol verliebte sich in Sitges und begann kurz nach dieser zufälligen Entdeckung, seine Aufenthalte in Paris, wo er damals lange Zeitspannen verbrachte, mit solchen in Sitges abzuwechseln. 1893 kaufte er hier ein Fischerhaus und im Jahr darauf das angrenzende. Nachdem beide Häuser umgebaut worden waren,

Enric Clarasó. *Eva*. 1904. Marmor. 132 x 92 x 104,5 cm. Museu Nacional d'Art de Catalunya, Barcelona. – Obwohl *Eva* eine eindeutig modernistische Plastik ist, gibt es in Clarasós gesamter Produktion mehr Werke, die eher dem Realismus als der modernistischen Ästhetik nahestehen. Seine Teilnahme – mit Casas und Rusiñol – an den ersten, umstrittenen Ausstellungen in der Sala Parés, wo letztere ihre revolutionären Pariser Werke und dieser einige wenig innovative Skulpturen zeigte, erfolgte zweifellos aus rein freundschaftlichen Gründen. Die in der Allgemeinen Ausstellung der Schönen Künste in Madrid 1904 mit der Goldmedaille ausgezeichnete *Eva* wurde auf der internationalen Barceloneser Kunstausstellung 1907 von der Stadt für das Städtische Museum gekauft.

und zwar von Francesc Rogent, dem Sohn von Elies Rogent, welcher die Seele der Weltausstellung gewesen war, taufte Rusiñol den neuen Ort auf den Namen *Cau Ferrat*, gleichzeitig Symbol von Kontinuität und Veränderung, und zog mit seinem Schmiedeeisen und seiner Person – und damit dem Schwerpunkt der modernistischen Bewegung – dort ein. Tatsächlich fanden die berühmten »modernistischen Feste«, echte Meilensteine in der Entfaltung dieser Bewegung, auf Rusiñols Entscheidung hin in Sitges statt.

Das erste dieser Feste wurde erst nachträglich so genannt und war strenggenommen gar kein Fest, sondern eine Ausstellung mit Werken der erwähnten lokalen Künstler, zu denen sich noch Rusiñol und andere Maler aus Barcelona wie Urgell, Teixidor,

Joan Roig i Soler, *Strand von Blanes*. Gegen 1894. Öl auf Leinwand. 49 x 65 cm. Museu Nacional d'Art de Catalunya, Barcelona. – Roig i Soler, der in Barcelona geboren wurde, obwohl seine Familie aus Sitges stammte, nahm 1880 dort Wohnsitz und bildete zusammen mit dem Maler Mas i Fontdevila und anderen lokalen Künstlern die sogenannte *Luministische Schule von Sitges*. Sie waren Erben der Fortuny-Tradition, aber ihr hauptsächliches malerisches Interesse galt der Wiedergabe des kräftigen Mittelmeerlichts in ihren Werken. Man muß daran erinnern, daß sie es waren, die Santiago Rusiñol be-

Casas und Meifrèn gesellten. Eigentlich fand das erste modernistische Fest – das in einer vielleicht beabsichtigten, für den Hang zum Ungewöhnlichen und Verwirrenden, der diese Bewegung immer kennzeichnete, jedenfalls typischen Begriffsverwirrung als »zweites Fest« bezeichnet wurde – 1893 statt und das letzte 1899. Das Interesse, das diese Veranstaltungen seinerzeit weckten, war so groß, daß Sonderzüge gechartert wurden, um die Besucher von Barcelona nach Sitges zu bringen.

Das zweite Fest von 1893 war die eigentliche Sanktionierung des Modernisme. Es fand im Teatro Prado von Sitges statt und bestand in der Aufführung von Maeterlincks Stück *Der Eindringling*, in der Übersetzung des Schriftstellers, Grammatikers und Lexikographen Pompeu Fabra und mit dem schauspielerisch offenbar nicht allzu brillanten Romancier Raimon Casellas in der Hauptrolle. Zugegen waren Maragall, Utrillo, Casas, Yxart und viele andere herausragende Intellektuelle und Künstler aus dem damaligen Barcelona. Vor der Vorstellung gab es ein Konzert unter der Leitung von Enric Morera mit Werken von

David Popper, Goelard und César Franck. Die von Rusiñol gelesene Einführung in das Stück hatte Züge eines eigentlichen Manifests. Darin wurden die »wenig ehrliche, mit rhetorischen Seufzern und unechten Tränen verfaßte« Kunst, die »mit Worten, welche wie rhetorische Kaskaden herabprasseln, aufgeblähten Tiraden«, die »herausgeschrieenen Monologe« verurteilt, die die moderne Kunst nun immer mehr auf den Dachboden verbannte. Das Fest hatte einen unglaublichen Erfolg, nicht nur wegen des zahlreichen Publikums, sondern auch, weil es seinen grundsätzlichen Zweck erfüllte: die modernistischen Intellektuellen und Künstler um einen Gedanken und um kategorisch formulierte Ziele zu scharen.

Im nächsten Jahr wurde das dritte modernistische Fest durchgeführt, das in einem Poesiewettbewerb und dem triumphalen Einzug von zwei El-Greco-Gemälden bestand, die Rusiñol im selben Jahr in Paris gekauft hatte und die nun nach ihrer Ankunft in Sitges in einer Prozession vom Bahnhof zur *Cau Ferrat* getragen wurden, dem heutigen Rusiñol-Museum, wo sie sich noch immer befinden. In seiner Eröffnungsrede zum Fest betonte Rusiñol die Notwendigkeit, mit der Provinzialität, unter der die katalanische Kultur litt, Schluß zu machen. »Hier können wir uns aussprechen, indem wir herausschreien, was wir uns oft nicht zu sagen getrauen, wenn wir vom großen Haufen umgeben sind: daß wir Dichter sein wollen und daß wir die verachten und bemitleiden, die die Dichtung nicht spüren, daß wir einen Leonardo da Vinci oder einen Dante einer Provinz oder einem Dörfchen vorziehen, daß wir lieber Symbolisten sind und geistesgestört, ja verrückt und dekadent als dezent und schlaff, daß uns der sogenannte gesunde Menschenverstand erstickt, daß man in unserem Land allzu vorsichtig ist, daß es egal ist, dort als Don Quijote zu gelten, wo so viele Sancho Pansas weiden, und dort Märchenbücher zu lesen, wo überhaupt nicht gelesen wird.«

Dieser leidenschaftliche, visionäre, ätzende, geistreiche, verwirrende Rusiñol, erbittertster Gegner der bürgerlichen Konventionen und Manieren (insbesondere der Körperpflege) und extremer Avantgardist, machte auf die Gräfin Pardo Bazán, deren Besuch in Sitges wie gesagt zwischen dem dritten und dem vierten Fest stattfand, zweifellos größten Eindruck. Wir wissen nicht, ob das Vergnügen gegenseitig war. In seinem Empfeh-

geistert aufnahmen, als dieser 1891 erstmals nach Sitges kam, und die in diesem Augenblick eine Ausstellung mit ihren Werken planten, der sich Rusiñol anschloß, was dann zum ersten modernistischen Fest führte.

In der Abteilung Buchdruckerkunst des Modernisme nehmen die Illustrierten einen der wichtigsten Plätze ein. Einerseits ermöglichte die neue Technik, eine Folge der Industrialisierung, einen besseren Druck und eine bessere Auflage, anderseits führte die intellektuelle Neugier der Modernisten zu einer Vielzahl von Zeitschriften, die sowohl bezüglich ihres lite-

lungsschreiben hatte Jordà Rusiñol auf das vorbereitet, was auf ihn zukäme. »Sie ist eine ziemlich lästige und zugleich ziemlich nette Frau. Dick, sehr dick und nicht sehr groß, recht lächerlich gekleidet, häßlich und das Gesicht mit dieser Apparatur ausgestattet, die man Lorgnetten nennt – wenn man sie so sieht, würde man sagen, die Mama einer Zarzuela-Sopranistin oder eine dieser greisen Opernsängerbegleiterinnen.« Aber Rusiñol konnte der Besuch dieser gebildeten Frau nicht unangenehm sein, einer renommierten Romanautorin, einflußreichen Essayistin und Lehrstuhlinhaberin an der Barceloneser Zentraluniversität. Ihre Anwesenheit in Sitges mußte zwangsläufig die offizielle Anerkennung dieser exzentrischen, peripheren Bewegung und ihres Propheten bedeuten, der die Gräfin mit eindeutigen Ehrerbietungs- und Herzlichkeitsbekundungen überschüttete. »Hier ist alles Helligkeit, alles Duft, alles Lebensfreude«, sollte die illustre Dame später in einem unter dem Titel »Über das weiße Sitges« in der *Vanguardia* veröffentlichten Artikel sagen. Und in einem weiteren, der in der Madrider *Época* erschien: »Was für ein hervorragendes kulturelles Niveau offenbart Sitges ...!«

Das vierte Fest wurde ebenfalls im Teatro Prado veranstaltet, und diesmal wurde im Gegensatz zu den vorangehenden Malen ein Stück aus lokaler Produktion gegeben: die Oper *Die Fee* von Enric Morera auf ein Libretto von Jaume Massó i Torrents, dem Gründer der Zeitschrift *L'Avenç* (Der Fortschritt). Die Aufführung wurde vom Orchester des Liceo übernommen. Obwohl die akustischen Bedingungen des Theaters zu wünschen übrigließen, war der Erfolg des Festes wie üblich durchschlagend. Das fünfte und letzte Fest erlangte dagegen keine besondere Bedeutung. Im Jahr seiner Durchführung, 1899, hatte sich die modernistische Bewegung schon derart konsolidiert, daß die Feste, die seinerzeit dazu gedient hatten, ihr Rückhalt zu geben, ihre Daseinsberechtigung verloren hatten.

rarischen und künstlerischen Inhalts als auch durch ihre formale Qualität auf der Höhe der besten europäischen Zeitschriften jener Jahre standen. Wie die Plakate, so folgten auch die Zeitschriften der ästhetizistischen oder der realistischen Strömung. Unter denen der ersten Gruppe ist besonders *Luz* zu erwähnen, unter den letzteren *Pèl & Ploma* (Haar & Feder), die von Utrillo geleitet und von Casas illustriert wurde.

»Und sogar einige Verrückte«

Die Kirche

Dem tiefgehenden Wandel in jenen Jahren der Erneuerung konnte die Kirche nicht gleichgültig gegenüberstehen, aber ihre Reaktion gegenüber Veränderungen war sehr unterschiedlich, da es auch in ihren eigenen Reihen große Unterschiede gab. Natürlich spielte ein wichtiger Teil des Klerus, nämlich der institutionelle, reaktionäre, weiterhin seine althergebrachte Rolle: Er wachte über die Keuschheit der Mädchen aus gutem Hause und zog gegen ihre Todfeinde vom Leder – die schlechte Lektüre und das Tanzen. Taub und blind gegenüber der Wirklichkeit um sie herum und dem Zeitgeist, pflegten die Pfarrherren wie Satelliten in der Umlaufbahn der bürgerlichen Familie zu kreisen, in der sie recht eigentlich die Verkörperung der Sittlichkeit und die einzige Festung des geistigen Friedens auf Erden sahen. Der Außenwelt mißtrauten sie, deshalb gaben sie vor, ihr Vorhandensein gar nicht zur Kenntnis zu nehmen. Und brachten sie den Mut auf, sich ihr zu stellen, so betrachteten sie sie als so unerlösbar, daß jegliches Bemühen nur darauf ausgerichtet sein konnte, das teuflische Gesindel, aus der sie bestand, wenn nicht auf der Weide der Tugend, so doch im Pferch der Disziplin zu halten. Aber zwischen diesem Muster des parasitären Geistlichen mit sanften Manieren, Moschusgeruch, geflickter Soutane, Priesterhut und -mantel, den man Nachmittag für Nachmittag beim Vespern in den Salons der vermögenden Häuser antreffen konnte, wo er die irrgläubigen Bücher, die er zu fassen bekam, in den Küchenherd warf und den Mädchen mit dem ewigen Feuer drohte, welche »Galopp, Walzer, Polka, Schottisch und alle anderen derartigen Tänze« tanzten, »in denen Frau und Mann sich heimlich eng umarmen«, und seiner Antithese, dem barschen, ungebärdigen Geistlichen mit Konkubine und Donnerbüchse, der als lebendes Relikt aus den Zeiten des Bandenunwesens und der Karlistenkriege in den ländlichen Gegenden Kataloniens noch sehr verbreitet war, gab es eine ganze Palette an Priestern, die auf ihre Weise die aktuellen Probleme des Landes erkannt hatten und sich das Hirn zermarterten, wie sie ihnen begegnen könnten.

Die Angst der Kirche vor dem Verlust der Kontrolle über die Modernisierung war nicht unbegründet. Bis zu diesem Moment spielte die Kirche im Leben des Bürgers eine entscheidende Rolle – lange vor der Geburt bis lange nach der Beerdigung seiner sterblichen Hülle. Auch verschiedene Bereiche des öffentlichen Lebens befanden sich in ihrer Hand, darunter einige so wichtige wie die Erziehung, von der hier bereits die Rede war, und ein guter Teil der Fürsorge.

»Stellen wir uns einen Augenblick vor, die Wohlfahrt hörte auf, in unserer Hauptstadt ihre hochlöblichen Werke zu vollbringen. Welchem Schauspiel hätten wir da wohl beizuwohnen?« heißt es diesbezüglich in einem 1901 anonym in Barcelona erschienenen Dokument in der offenkundigen Absicht, jeglichen Versuch, die Fürsorgedienste ganz oder teilweise zu säkularisieren, abzuwürgen, wozu mehrere Ordensanstalten aufgeführt werden, die sich diesen Diensten widmeten, was uns einen ganz besonderen Blick auf das Barcelona jener Tage ermöglicht.

Das Asilo del Niño Jesús beherbergte 566 sehr kleine Jungen und 256 kleine Mädchen aus der Arbeiterklasse und hatte sich in einem einzigen Jahr 2209 kranker Kinder angenommen, bei Ausgaben von 18 811 Peseten und 26 Céntimos. Die Entbindungs- und Findelkinderanstalt »betreut und pflegt, das unverletzliche Geheimnis wahrend, nicht nur eine Vielzahl von Frauen kurz vor der Niederkunft, sondern inner- und außerhalb des Hauses auch 4867 Findelkinder verschiedenen Alters und beiderlei Geschlechts und gibt dafür jährlich an die 100 000 Duros aus«. Die Kinderkrippen, vier an der Zahl, kümmerten sich um 1700 Kleinkinder, die dadurch »die Mütter bei der Arbeit nicht stören«. Das Armenhaus beherbergte 2000 Insassen, »also ein ganzes Dorf«. Das Asilo de Nuestra Señora del Carmen in Hostafranchs betreute »500 Mädchen, 30 Alte und 25 andere Arme«, führte eine Abteilung für Waisen von in Kuba umgekommenen Soldaten und eine fromme Stiftung, um Ehen zu regeln, hatte in einem Jahr 113 Personen verheiratet, »die unsittlich gelebt hatten«, und 29 Kinder als ehelich anerkannt. Im Asilo de San Rafael wohnten 90 skrofulöse Mädchen, im Asyl de San Juan de Dios 240 schwindsüchtige, skrofulöse und blinde Kinder, im Asilo del Buen Pastor 272 Mädchen, »die meisten verdorben«. Das Asilo Toribio Durán hatte 230 »Gauner, Lum-

Apel·les Mestres, Federzeichnung für eine Illustration des Buches *Der Liberalismus ist eine Sünde* des Priesters Fèlix Sarda i Salvany, das 1889 bei seiner Publikation eine lebhafte Polemik auslöste. Tatsächlich wurde es zum Lehrbuch der karlistischen Partei gegen den Liberalismus, die die Restauration verkörperte. Museu Nacional d'Art de Catalunya, Barcelona.

pen oder Verstockte« aufgenommen, dasjenige von Bellesguard 50 vom rechten Weg abgekommene Jugendliche. Innerhalb eines Jahres hatte das Asilo de la Visitación die Ehre von über 2000 verführten Mädchen gerettet, ohne daß im Dokument näher erläutert würde, wie. Im Instituto del Desierto in Sarriá lebten 25 Arbeitsunfähige. Die Armenschwestern besaßen drei Häuser mit insgesamt 700 »alten Männern und Frauen«. Das Amparo de Santa Lucía »beginnt schon, Blinde aufzunehmen«. Das Hospital de la Santa Cruz gewährte über 1000 Kranken Unterkunft, »sogar einigen Verrückten«.

Dem Auszug dieser Liste von Wohltätigkeitsinstitutionen, die sich, ohne Anspruch auf Vollständigkeit, insgesamt auf 52 beliefen, sind noch mehrere religiöse Orden anzufügen, die Hunderte von Kranken in deren Wohnung pflegten, »sogar solche, die an ansteckenden Krankheiten litten«, sowie weitere Hilfsorganisationen verschiedener Art, wie die Caja de San José, die in einem Jahr mehreren Arbeitern 4012 Peseten vorgeschossen hatte, damit sie sich selbständig machen und Werkzeug kaufen »und eine Badekur machen konnten«, die Volksküche in Gracia, die im selben Zeitraum 117 025 Portionen Bauernsuppe servierte, das Arbeiterrestaurant Santa Madrona, wo sich täglich 300 Arbeiter verpflegten, das Königliche Leihhaus Nuestra Señora de la Esperanza, das jährlich auf Schmuck und Kleider eine Million Peseten borgte, und zwar zu einem Zins von 6 Prozent, »um dem Wucher einen Riegel vorzuschieben, welcher 60 Prozent verlangt«, die Gefangenenstiftung, die Stiftung zur Freisprechung gefangener Mädchen und für verlassene Kinder und Jugendliche, mehrere Erziehungsanstalten und Orte für »gesittete Erholung« und schließlich die Vereinigung der Familienväter, die Hunderte Frauen vor der Prostitution gerettet und »in einem Jahr 44 827 obszöne Publikationen und Photographien beschlagnahmt« hatte.

Jetzt aber drohte diese gewaltige Macht unterzugehen.

Seit dem Anfang aller Zeiten unter der Kargheit des Bodens leidend, von der schon Dante im 8. Gesang des *Paradieses* gesprochen hatte, hatten die Katalanen immer auf verschiedene Weise für ihren Lebensunterhalt sorgen müssen, den ihnen ein unergiebiges Ödland versagte. Anfänglich hatten sie sich als Söldner oder Aushilfssoldaten verdingt, später sich definitiv und mit Erfolg dem Handel gewidmet. Dieser hatte ihren Sinn ge-

Das 1802 gegründete Armenhaus nahm obdachlose Kinder und Alte auf. Ihre Arbeit in den Werkstätten des Hauses trug zu dessen Rentabilität bei. Arxiu Històric de Barcelona.

prägt, Wirtschaft und Leben zu verstehen – für die Katalanen lief alles auf Kauf und Verkauf, Spekulation, raschen Gewinn und kalkuliertes Risiko, mit einem Wort: aufs Geschäft hinaus. Da Katalonien aus diesen und aus geographischen und historischen Gründen den italienischen Republiken näherstand als den großen Nationen des Nordens, mit denen es nie Kontakt hatte, konnte es die immense Aufgabe der eigenen Industrialisierung nicht angehen, ohne gleichzeitig radikal und umfassend sein Wesen und Denken zu ändern. Diese Veränderung mußte über die reine Neuorientierung des Handels hinausgehen und zutiefst in die Seele eines ganzen Volkes eindringen. Auch ohne Max Weber gelesen zu haben, verstand der aufgewecktere Teil des Klerus vage, aber nachhaltig, daß ihm die historische Mission oblag, diese Veränderung zu leiten oder zumindest ihre Entwicklung von nahem zu verfolgen und gegebenenfalls ihren möglichen Übergriffen Einhalt zu gebieten. Natürlich waren es ganz andere Zeiten als die Calvins, der eine ähnliche Reform durchgeführt hatte, und das Unterfangen hätte in jedem Fall die geringen Kräfte und das armselige intellektuelle Rüstzeug eines von Jahrhunderten der Liebedienerei, Verweichlichung und Scheinheiligkeit mürbe gewordenen Klerus bei weitem überschritten. Die Dekadenz betraf nicht nur die katalanische Geistlichkeit, sondern den gesamten Katholizismus. Seit mehreren Jahrzehnten schien die Kirche die Funktion einer moralisch-intellektuellen Führerin aufgegeben zu haben, die sie sich seit den fernen Zeiten des kaiserlichen Roms selbst zugewiesen und im Lauf der Jahrhunderte gegen alle und ohne Rücksicht auf Verluste verteidigt hatte. Jetzt aber, wie entkräftet oder der eigenen Überzeugungen unsicher, beschränkte sie sich darauf, alles zu verdammen, was von der Vernunft kommen oder mit der Wissenschaft zu tun haben konnte – von beiden fühlte sie sich verraten, nachdem sie jahrhundertelang das Monopol auf sie gehabt hatte, und jetzt sah sie in ihnen trotzig nur noch alles Böse verkörpert. Das christliche Ideal, das sie nun ihren Gläubigen anbot, war nicht mehr der unerschrockene, weise Heilige von ehedem, sondern der einfache Demütige, dessen stille Einfalt sie höher zu veranschlagen schien als alles Wissen eines Thomas von Aquin oder die Kühnheit eines Francisco Javier*. Natürlich ließ sich auf einem Fundament von kleinen Schäfern und Teufeln, Krippen und Weihnachtsliedern nur schlecht eine Arbeitsethik aufbauen und Kapital anhäufen. Sowenig wie irgendeine andere Gesellschaftsschicht vermochte die Kirche, obwohl sie eine Verbindung zwischen sich und der neuen katalanischen Gesellschaft, zwischen Kirche und Land herzustellen versuchte, die Hauptrolle in einer Reform zu übernehmen, die ohne ihre Unterstützung oder die einer anderen geistigen Macht als Rückgrat Stückwerk blieb.

Es wäre aber falsch, würde man sagen, diese von der Kirche bis zu einem gewissen Grad unterstützte und von der Gemeinschaft stillschweigend gutgeheißene Reform sei nicht wenigstens teilweise durchgeführt worden. In ganz wenigen Jahren wurde eine feudale, katholische Mittelmeergesellschaft jedenfalls zu einer neuen Gesellschaft, die, ohne von den alten Lehren oder Loyalitäten zu lassen, den immer vertretenen Werten diametral entgegengesetzte übernahm. Der extreme Individualismus, die Achtung des persönlichen Verdienstes vor der Herkunft, die Abneigung gegenüber der Machtkonzentration in einer einzigen Hand und die tiefverwurzelte republikanische Gesinnung, eine gewisse Nüchternheit in den Sitten, die Ablehnung von Großsprecherei, Prunk und Angeberei und ein schonungsloser Sinn für die Lächerlichkeit sind Charakterzüge, die die Katalanen von andern Breitengraden übernahmen und ihrem Wesen einverleib-

* Der heilige Francisco Javier (San Francisco Javier de Jassu y Azpilcueta, Franz Xaver) lebte von 1506 bis 1552 und war Glaubensbote in Indien und Ostasien.

ten. Diese Errungenschaft machte ihr Leben produktiver, aber auch trauriger. Um die verlorene Freude zu kompensieren, entwickelten sie einen ganz eigenen Sinn für Humor: nachdenklich, unterschwellig und schroff, eine Ironie, die weder in Spanien noch in Frankreich, noch in Italien oder überhaupt im Mittelmeerraum ihresgleichen hat, wo das Lachen lauter und roher ist.

»Sich unter so abscheulichen Umständen entwickeln«

Der Arbeiter

Der Barcelonese, der Ende des 19. Jahrhunderts sein Leben dem Handel zu widmen beschloß, hatte vielversprechende Zukunftsaussichten. Nachdem die politische Stabilität und die Ruhe in der Stadt durch die Restauration garantiert waren, hatte sich das Barceloneser Bürgertum endlich mit Leib und Seele seinen beiden wichtigsten Zielen widmen können: Geld zu verdienen und die dauernden Machenschaften aus Madrid zu konterkarieren.

Enttäuscht von der Politik oder ganz einfach nicht interessiert an ihr, überließen die Barcelonesen diese Betätigung lieber fremden Händen und konzentrierten sich mittels wirtschaftlicher Korporationen wie des 1889 gegründeten Arbeitgeberverbandes Foment del Treball Nacional auf die nationalen Machtzentren. So kämpften sie nicht nur für die Bewahrung ihrer Privilegien und Interessen, sondern auch ihrer Sprache, ihrer Kultur, ihres Partikularrechts und alles weiteren, was von Rechts wegen zu ihrer Identität gehörte. Aber in der Hitze des Gefechts vergaßen sie oft, sich zu fragen, ob denn ihr eigenes System, dessen Integrität sie so sehr verteidigten, seinerseits rechtens oder brauchbar war. Da es angegriffen wurde, mußte es verteidigt werden, und in ihren Augen war diese Verteidigung ein unwiderlegbarer Beweis für seine Rechtmäßigkeit. Daß dieses System seinerseits viele Ungerechtigkeiten mit sich brachte, schien sie nicht groß zu bekümmern.

Diese Haltung darf uns nicht empören – keine Industriegesellschaft dachte seinerzeit über das nach, was später »die Anpassung des Menschen an die Industriearbeit« genannt wurde. Das katalanische Bürgertum des 19. Jahrhunderts, Erbe eines Feudalsystems, die sich bis ins Familienunternehmen hinein verlängerte, konnte mit diesen Arbeitern paternalistisch sein, mit denen es in direktem täglichem Kontakt stand und die es, so die Überlieferung, »bei ihrem Taufnamen kannte«. Aber dieses menschliche Detail darf uns nicht täuschen. Der vorbildliche Arbeitgeber, der

Einige der engsten Gäßchen der Altstadt, in denen die Menschen unter elendesten Bedingungen dicht aufeinander lebten, verschwanden mit dem Bau der Vía Layetana 1909. Dieses städtebauliche Projekt, bekannt unter der Bezeichnung *Der Umbau*, war 1879 von Ángel José Baixeras entworfen worden, aber wegen verschiedener institutioneller und wirtschaftlicher Unwägbarkeiten ließ seine Verwirklichung dreißig Jahre auf sich warten. Die Fotos zeigen die Calle de la Avellana und die Calle de las Magdalenas und wurden 1908 und 1909 aufgenommen. Institut Amatller d'Art Hispànic-Arxiu Mas, Barcelona.

reiche Menschenfreund, die wohltätige Dame und die Musterfamilie, die die Bediensteten ohne Vorbehalte behandelte, waren Einzelfälle, die Ausnahmen von der Regel. Der katalanische Bürger war mit allen Wassern gewaschen – 1880 hatte die Regierung gegen den erbitterten Widerstand des katalanischen Bürgertums ankämpfen müssen, als es darum ging, die Sklaverei in Kuba abzuschaffen. Eine in der Satirezeitschrift *La Campana de Gràcia* (Die Glocke von Gracia) erschienene zeitgenössische Zeichnung zeigt einen hochfahrenden Mann, der in einer Presse einige winzige Schwarze ausdrückt; durch ein Rohr fließt der Saft dieser unseligen Aktion heraus, eine Münzenflut. Es ist jedoch daran zu erinnern, daß Frankreich, ein auf diesem Gebiet traditionellerweise liberaleres Land, die Sklaverei in Madagaskar erst 1896 abschaffte.

»Die Arbeiter hausten in Mansarden und dunklen, unheimlichen, ungesunden Zimmern, sie konnten ihren Kindern nicht die elementarste Ausbildung angedeihen lassen noch sich auch nur halbwegs reinlich anziehen oder gesunde, nahrhafte Speisen zu sich nehmen. Sie arbeiteten ohne die geringsten Sicherheitsbedingungen, auf morschen Gerüsten, in ungesunden Fabriken oder gefährlichen Minen. Die Sozialversicherungen waren spärlich und mangelhaft, und das Los des kranken Arbeiters war die

Erste Arbeitermannschaft, die auf der Baustelle der Weltausstellung von 1888 arbeitete. Arxiu Històric de Barcelona.

Isidre Nonell, *Zwei Zigeunerinnen*. Öl auf Leinwand. 136 x 136 cm. Museu Nacional d'Art de Catalunya, Barcelona. – Nonell, einer der genuinsten Maler der modernistischen Zeit, starb sehr jung. Auch wenn er viel länger gelebt hätte, wäre er wahrscheinlich nicht in die Mittelmäßigkeit verfallen, in der einige seiner Zeitgenossen endeten. Nonell, Vertreter der zweiten Modernistengeneration, nahm an den Gesprächszirkeln im Els Cuatre Gats teil, in dessen großem Saal er seine Zeichnungen ausstellte. Während er in seinen ersten Jahren als Mitglied der Safrangruppe Landschaften aus der Umgebung Barcelonas malte, widmete er sich von 1901 an den Zigeunerinnen. Es

Krankenhauspritsche«, schreibt Práxedes Zancada in *Der Arbeiter in Spanien* (1902).

Die Beschreibung der Barceloneser Arbeiterwohnung in Pedro García Farias Bericht *Die ungesunden Wohnungen in Barcelona* von 1890 läßt hinsichtlich der Lebensbedingungen, die der Arbeiter zu ertragen hatte, keine Illusionen aufkommen: »...Woh-

sind stark expressionistische Werke, die nicht die geringste Resonanz fanden. Gegen 1906 begann er seine Palette aufzuhellen und stellte neben Zigeunerinnen auch andere Frauen dar und malte ab und zu ein Stilleben. 1910 zeigte er eine wichtige Werkschau in den Galerías del Faianç Català in Barcelona und erhielt erstmals die Anerkennung von Publikum und Kritik. Aber es war schon zu spät – einige Monate später, im Februar 1911, starb er in Barcelona, wo er 38 Jahre zuvor auch geboren worden war.

Isidre Nonell, *Stehende Zigeunerin.* 1906. Conté-Bleistift und Aquarell. 48 x 30 cm. Museu Nacional d'Art de Catalunya, Barcelona.

nungen von schäbiger Höhe, unterteilt in zahlreiche Abteilungen, die in winzigste Räumchen aufgesplittert sind, in denen der Atemluftkubus in jeder Hinsicht ungenügend ist, um die Anforderungen an einen solchen zu erfüllen und eine Entwicklung des Lebens unter normalen Umständen zu erlauben... Die Luft ist derart verdorben, daß sie umbringt, statt Leben zu ermög-

Pablo Picasso, *Die Schutzlosen*. 1903. Pastell und Kohle. 46 x 40 cm. Pastell und Kohle. Museu Picasso, Barcelona. © Succession Picasso/VG Bild-Kunst, Bonn 2006. – Die Übersiedlung der Familie Picasso nach Barcelona im Jahr 1895 hätte für den künftigen Maler, der damals vierzehn Jahre alt war, nicht gelegener kommen können. Zwei Jahre später wurde mitten in der modernistischen Glut das Lokal Els Cuatre Gats eröffnet, wo Picasso regelmäßiger Stammgast war, für das er die Speisekarte entwarf und wo er 1900 seine erste Barceloneser Ausstellung veranstaltete, die aus Kohleporträts nach Art derer von Casas bestand. Er teilte die Begeisterung der Modernisten für die neue Wertschätzung El Grecos, dessen Einfluß in einigen seiner Bilder aus jenen Jahren deutlich wird. *Die Schutzlosen*, 1903 in Barcelona entstanden, ist eines der repräsentativsten Werke seiner blauen Periode, in der er Themen gesellschaftlicher Ausgrenzung aufgreift, in einem kräftigen Expressionismus, der stark von Nonell beeinflußt ist, wie Picasso selbst zugab.

lichen, die Kinder bereits im Mutterleib angreift und sie durch Anämie, Skrofel, Rachitis und Tuberkel in vorzeitige Hinfälligkeit führt. (...) In zahlreichen Häusern der unteren Viertel würdigt sich die Menschenfamilie dermaßen herab, daß sie die Lebensmittel im selben Zimmer bereitet, in dem sie ihre Fäkalien deponiert, deren Ausdünstungen und Gestank zweifellos ihre Gesundheit schädigen müssen. (...) Ich war überrascht, daß sich unter so abscheulichen Umständen überhaupt menschliches Leben entwickeln kann.«

Angesichts dieser ebenso leidvollen wie potentiell explosiven Situation unternahm keiner etwas. Der Modernisme, der in seinen Anfängen die Postulate des utopischen Sozialismus auf seine Fahne geschrieben hatte, hatte kurz darauf einige Geplänkel mit der herrschenden Ordnung gehabt und war, vorsichtig geworden durch den Ausgang dieser Zusammenstöße, zu einer ästhetischen Bewegung geworden. Die Arbeiter ihrerseits verfügten nach den Tumulten der vorangegangenen Jahrzehnte, in denen

Isidre Nonell, *Strolche und Turronverkäufer*. 1894. Conté-Bleistift und Feder.
31,5 x 24,5 cm.
Museu Nacional d'Art de Catalunya, Barcelona.

Isidre Nonell, *Auf dem Markt*. Etwa 1894. Conté-Bleistift.
29 x 21,5 cm.
Museu Nacional d'Art de Catalunya, Barcelona. – Obwohl Nonell sein Werk von 1902 an fast ausschließlich auf Themen gesellschaftlicher Ausgrenzung und, konkreter, auf die Darstellung von Zigeunerinnen konzentrierte, hatte er von Anfang an, als er noch zur sogenannten Safrangruppe gehörte, immer auch volkstümliche Figuren oder Ausgegrenzte gezeichnet und in den damaligen Zeitungen und Zeitschriften veröffentlicht. Die hier wiedergegebenen Zeichnungen erschienen in der *Vanguardia* vom 8. September 1894 und vom 1. Januar 1895 unter dem Titel *Volkstümliche Barceloneser Gestalten*.

sie ihrer Unzufriedenheit hatten Ausdruck geben und ihre Ansprüche deutlich machen können, noch über keine Organisation, dank der sie, zumindest mit minimalen Sicherheitsgarantien und Erfolgsaussichten, am öffentlichen Leben hätten teilnehmen können.

Einstweilen herrschten Ruhe und wenigstens scheinbare Harmonie. Es fehlte nicht an Stimmen, die die unmenschlichen Bedingungen anprangerten, unter denen die Armen dahinvegetierten, wie etwa der genannte García Faria, aber selbst diese vereinzelten Stimmen geißelten die materiellen Bedingungen und ignorierten vollkommen das System, das sie hervorgebracht hatte, jetzt seine Ursachen perpetuierte und eine grundsätzliche, nachhaltige Abhilfe unmöglich machte. Aber dank dem herrschenden Wohlstand gab es Arbeit für alle, und fast niemandem fehlte es an einem Dach über dem Kopf und der täglichen Arbeiterverköstigung, die hauptsächlich aus Brot mit gebratenem Stockfisch oder Essigsardinen bestand. Infolgedessen hielt in

Isidre Nonell, *Studie*. 1908. Öl auf Leinwand. 54 x 66 cm. Museu Nacional d'Art de Catalunya, Barcelona.

Joaquim Mir, *Die Kathedrale der Armen*. Gegen 1897/98. Öl auf Leinwand. 184 x 247 cm. Sammlung Carmen Thyssen-Bornemisza. Fotografie © Català-Roca. – Der Titel dieses Gemäldes, dem auf der Allgemeinen Ausstellung der Schönen Künste in Barcelona 1898 die dritte Medaille zugesprochen wurde, bezieht sich auf die Sagrada Familia,

Barcelona die Einwanderung aus den katalanischen Dörfern und seit dem Bau der Weltausstellung von 1888 auch aus andern Gegenden Spaniens an, die von Armut, Arbeitslosigkeit und Hunger zugrunde gerichtet waren. Dieses unbestreitbare Faktum war das Hauptargument derer, die sich jeglicher Reform widersetzten. Wenn es den Arbeitern so schlecht geht, warum kehren sie denn nicht dorthin zurück, woher sie gekommen sind? Im übrigen dachten damals sehr wenige, daß alle Menschen dasselbe Anrecht auf ein Minimum an Wohlergehen haben. Jedem stand genau das zu, was ihm das Schicksal in die Hand gegeben hatte oder was er hatte verdienen können oder wollen, und im Unglücksfall wäre dann schon Gott da, um ihn mit Hilfe der kirchlichen Wohltätigkeit zu versorgen. Selbst die, die aus irgendeinem Grund einen direkten Kontakt zum Elend des Arbeiters hatten, wunderten sich über seine Unzufriedenheit, warfen

ihm seine mangelnde Ergebenheit vor und erinnerten ihn daran, daß sie vielleicht »deine Kinder in den Gratisschulen oder in Heimen, deine Mutter bei den Armenschwestern oder deinen Bruder im Irrenhaus« hatten, »ohne daß du einen Centimo dafür bezahlen mußt«. Was sollten also all die Klagen?

Inzwischen hortete die Arbeiterklasse Wut, organisierte sich und wartete auf den Moment der Rache.

mit deren Bau 1882 begonnen worden war und die den Hintergrund des Bildes einnimmt. Dieses Werk ist besonders kennzeichnend für diejenigen der modernistischen Künstler der zweiten Generation – Mir, Nonell oder Canals –, die sich in ihrer Jugend zur Safrangruppe zusammengeschlossen hatten. Sie waren die direkten Erben der von Casas und Rusiñol eingeführten malerischen Erneuerung, gingen aber noch einen Schritt weiter als diese. Mit ihren Themen verließen sie den liebenswürdigen Ton der ersten Modernisten, um aus ihren Bildern gesellschaftliche Anklagen zu machen. Unter künstlerischem Gesichtspunkt entwickelten sie sich von der zaghaften malerischen Avantgarde zu einer entschiedenen Neuerung, in der die Farbe die klare Hauptrolle spielte.

»Eine einzige Handlung ist bessere Propaganda als tausend Pamphlete«

Der Anarchismus

*I*n den letzten Jahren des 19. Jahrhunderts steckte der Anarchismus, der später eine so wichtige Rolle spielen sollte, noch in den Kinderschuhen. Die Tumulte von Barcelona der Jahre 1833-37 waren sozusagen spontane Bewegungen gewesen, ohne Doktrin und Ziel, reine Wut- und Haßentladungen, die sich hauptsächlich gegen die gerichtet hatten, die das Volk als seine Erbfeinde betrachtete: den Klerus und die Ordnungskräfte. Später, mit der Restauration, waren die Dinge wieder ins Lot gekommen, obwohl die Ursachen für die Unzufriedenheit nicht im entferntesten beseitigt waren. Für die Schutzlosen war diese Stabilität nur eine Verschnaufpause, ein Zwischenhalt.

Der Bruch zwischen Marxisten (die für den Staat waren) und Bakunisten (die für seine völlige Abschaffung waren), der Anfang der 1870er Jahre in der totalen Spaltung der beiden Ideologien gipfelte, spiegelte sich in Spanien auch geographisch wider: Während die der Macht näherstehenden Madrilenen grundsätzlich zum Sozialismus neigten, entschieden sich die Katalanen, von Natur aus individualistischer und fern der politischen Maschinerie und also diesbezüglich eher dem Abstrakten und Absoluten zugetan, für den Anarchismus, in dem nicht wenige die verlorene Romantik des karlistischen Ideals wiederfanden.

Aber man darf nicht glauben, der Anarchismus in Katalonien sei ein einheitliches Phänomen gewesen. Zuerst einmal gab es einen theoretischen Anarchismus, den man vor allem den Italienern abgeschaut hatte, bei welchen Bakunins Lehren einige Verbreiter gefunden hatten, die sie dem kontemplativen Geist der katalanischen Intellektuellen verständlicher machen konnten. Diese übernahmen von den Italienern die idealistischste, utopischste Facette: den Traum von einer neuen Gesellschaft ohne Unterdrückung, Unterschiede und Grenzen, in der es nur Solidarität und Fortschritt und weder Privateigentum noch Geld gäbe und in der alle Menschen umfassend und brüderlich ihr menschliches Potential entwickeln und dieselbe Sprache sprechen würden, Esperanto. Die Apostel dieser Gruppe brüsteten sich damit, am Rande der etablierten Ordnung, besonders der Vorschriften der katholischen Kirche, zu leben – sie bekannten sich zum Atheismus, lehnten selbst in Todesnähe beharrlich die Sakramente ab, tauften ihre Kinder nicht und gaben ihnen auch keine Heiligennamen, spotteten über alles Geheiligte, verfochten die Abschaffung der Familie und bezeichneten sich als Vegetarier, Nudisten und glühende Verfechter der freien Liebe, obwohl sie in der Praxis meistens ein ganz normales Familienleben führten, wenn auch ohne Trauschein, sich wie jedermann kleideten und aßen, was sie konnten, und das war nicht viel.

Neben diesen Träumern gab es in Barcelona die Arbeitermassen, die aus den südlichen Regionen eingewandert waren, wo eine Art primitiver, eher mystischer als ideologischer Agraranarchismus herrschte, Grund und Ergebnis der blutigen Bauernaufstände. Die dauernde erbarmungslose Repression, der sie fortwährend ausgesetzt waren, hatte diese Anarchisten davon überzeugt, daß vom Staat nichts als Grausamkeit erwartet werden durfte und daß ihm jedes Zugeständnis mit derselben Gewalt entrissen werden mußte, die er zu dessen Verweigerung einzusetzen bereit war, und so bildeten sie eine an den Krieg auf Leben und Tod gewohnte kriegerische Masse, verzweifelt und zu allem bereit, potentiell höchst gefährlich, aber neutralisiert durch den Mangel an Organisation und Führern und die eigene Unfähigkeit, beides hervorzubringen.

Neben diesen beiden gab es eine sehr kleine, aber bedeutsame dritte Gruppe. Sie bestand aus jungen Leuten mit einer gewissen Kultur, Söhne relativ wohlhabender Familien, die sich, zornig angesichts des herzzerreißenden Anblicks von Elend und Ungerechtigkeit und oft selbst Opfer von persönlichen oder familiären Mißständen, von fehlender Zuneigung und von Züchtigung, zur anarchistischen Sache bekehrten, da sie auf einer Studienreise ins Ausland oder bei einer zufälligen Begegnung die Predigten eines Apostels der Idee gehört hatten. Diese Bekehrung brachte sie, im Verein mit immer schwer zu bestimmenden psychologischen Gründen, dazu, unerhörte Gewaltakte zu begehen, in denen sie oft einen Ausweg aus ihren eigenen Nöten fanden. 1865 hatte Dostojewski den Protagonisten des Romans, an dem er gerade arbeitete, in einem Brief an seinen Verleger Katkow als »einen jungen Mann der Mittelklasse« beschrieben,

»der von der Universität relegiert worden ist und (...) – aus Unbedachtsamkeit und Mangel an festen Überzeugungen – gewissen seltsamen, ›unfertigen‹ Gedanken erliegt, die in der Luft schweben«. Diese Leute suchten nicht so sehr die glückliche Zukunft, die sich die Theoretiker des Anarchismus versprachen, als die Zerstörung der gegenwärtigen Welt. Sie waren berauscht vom symbolischen Akt, und ihr Ideal und ihre Besessenheit war der Königsmord oder zumindest die Ermordung einer hochgestellten Persönlichkeit. Zar Alexander II. wurde 1881 bei einem Attentat getötet, 1897 Cánovas del Castillo, damals Kabinettspräsident, 1898 Elisabeth, Kaiserin von Österreich und besser bekannt unter dem Namen Sissi, 1900 König Umberto I. von Italien, der 1878 schon einmal einem Attentat entkommen war, 1901 der amerikanische Präsident William McKinley und 1912 ein weiterer spanischer Kabinettspräsident, José Canalejas, der auf der Puerta del Sol erschossen wurde. Andere hatten mehr Glück, so der deutsche Kaiser Wilhelm I., der den beiden 1878 gegen ihn begangenen Attentaten unversehrt entkam, Zar Alexander III., General Martínez Campos oder Alfons XIII. und seine Gattin, auf deren Kutsche 1906 an ihrem Hochzeitstag eine Bombe geworfen wurde, die zwar ihr Ziel, das Königspaar umzubringen, verfehlte, aber unter der Leibwache und dem Publikum, das sich beim Vorbeizug des Gefolges auf den Gehwegen versammelt hatte, zwanzig Tote hinterließ. Andere Male richtete sich die Gewalt gegen Institutionen wie die Büros einer Handelsgesellschaft oder sogar gegen die anonymen Gäste eines Cafés, ein Theaterpublikum oder ganz einfach gegen die, die das Pech hatten, gerade in diesem Augenblick vorbeizugehen. Diese spektakulären Attentate, gegen die es keinen Schutz zu geben schien, lösten eine ebenfalls gewalttätige, willkürliche Reaktion aus – bei den Behörden, die nicht nur die öffentliche Ordnung gestört, das Gesetz übertreten und das System in Frage gestellt sahen, sondern sich auch persönlich bedroht fühlten, und beim Bürgertum, das nicht bereit war, zwischen »reinen« Anarchisten, die nichts anderes als weltweite Eintracht anstrebten, und den von »gewissen seltsamen, unfertigen Gedanken« eingenommenen jungen Männern eine Unterscheidung zu machen. Für den rechtschaffenen Bürger verschmolzen sämtliche Anarchisten zu einer einzigen Person, Inbegriff des Satans, schrecklich, stinkend, bärtig, immer auf der Lauer, allzeit bereit, seine unheilvollen Vorsätze umzusetzen, nämlich die Töchter des Bürgers zur Praxis der freien Liebe und seine Arbeiter zum Streik zu verführen, seine Fabriken in Brand zu stecken und ihm selbst den Hals abzuschneiden. In diesem Amalgam stimmten die einen wie die andern überein: Für den Bürger gehörten alle Anarchisten aufs Schafott, für den Befürworter der Propaganda durch die Handlung verdiente es jeder Bürger, in die Luft zu fliegen. Dem Richter, der einem Anarchisten, welcher 1894 in einem Pariser Restaurant eine Bombe gelegt hatte, vorwarf, seine Wut an Unschuldigen ausgelassen zu haben, antwortete der Angeklagte, es gebe »keine unschuldigen Bürger«. Rein logisch gesehen, hatte er recht – niemand konnte vorgeben, nicht um das Elend und die Ausbeutung zu wissen, die sich vor seinen Augen abspielten, und selbst wenn solche Ignoranz echt gewesen wäre, hätte ebendieser Umstand den Einsatz von Gewalt als einzige Form der Propaganda gerechtfertigt. »Meine Absicht war es, zu terrorisieren, um die Gesellschaft zu zwingen, aufmerksam die Leidenden anzuschauen«, hatte der französische Anarchist Ravachol gesagt, als ihm die Todesstrafe für seine terroristischen Akte verkündet wurde. Ravachol, in dem sich die dem Ideal innewohnenden Komponenten Grausamkeit und Altruismus in höchstem Maß vereinigten, wurde inner- und außerhalb seines Landes zu einer legendären Figur. Im Französischen gab es auf einmal das Verb *ravacholiser* in der Bedeutung von »vernichten«, und in den Straßen von Paris wurde ein Liedchen mit dem Titel *La Ravachole* geträllert. Im übrigen war das Argument der Unschuld bei allen ein zweischneidiges Schwert. Tatsächlich konnten sich auch die »reinen« Anarchisten nicht zu ihren Gunsten auf sie berufen, sosehr sie die willkürliche Gewalt ablehnten, die Terroristen desavouierten und darauf bestanden, daß diese Gewaltakte die Sache, in deren Dienst sie ausgeführt wurden, nicht im entferntesten begünstigten, sondern sie bloß in Verruf brachten und ihren Feinden einen Vorwand für die Repression lieferten. In Wirklichkeit wimmelte es in all ihren Schriften von Gewaltanstiftungen oder zweideutigen Aussagen, deren mögliche Interpretation in dem genannten Sinn sie sehr wohl wahrgenommen haben mußten. »Eine einzige Handlung«, hatte Peter Alexander Kropotkin geschrieben, »ist bessere Propaganda als tausend Pamphlete.« Nötig sei, hatte er gesagt, eine Handvoll »wackerer Männer, die bereit sind, nicht nur zu reden, sondern auch zu handeln, reine Charaktere, die das Gefängnis, das Exil und den Tod einem Leben vorziehen, das im Widerspruch zu ihren Prinzipien steht«. Kropotkin, dessen aristokratische Gesichtszüge, wäßrig-träumerischer Blick und dichte Haarpracht ihn irgendwo zwischen Tolstoi und Rius i Taulet ansiedeln, war ein russischer Fürst, was damals fast ein Synonym für einen Heiligenanwärter war. In seinem unvermeidlichen Londoner Exil kämpfte er unaufhörlich für eine bessere Welt, deren Verwirklichung er unmittelbar bevorstehen sah. Als in seiner Gegenwart einmal jemand sagte, man müsse alles zerstören, Tabula rasa machen, um von vorn beginnen zu können, antwortete er, man müsse nicht zerstören, sondern aufbauen, »aufbauen in den Herzen der Menschen und ein Reich Gottes errichten«. Aber weder er noch all diejenigen, die wie er gegen den individuellen Terrorismus waren, konnten sich dazu durchringen, diesen öffentlich zu verurteilen. Sie beklagten höchstens seine Folgen, den Schmerz, die Menschenleben. Sie argumentierten unmißverständlich – wie auch Kropotkin 1891 selbst –, wenn auch »der revolutionäre Geist aus diesen individuellen Heldentaten unermeßlichen Gewinn erzielt, so sind es doch nicht diese Heldentaten, die die Revolutionen ausmachen. Die Revolution ist vor allem eine Massenbewegung... Der Zeitpunkt für solche Handlungen ist bereits vorbei; jetzt geht es darum, daß die anarchistische und kommunistische Idee in die Massen eindringt.« Aber später, wenn die Terroristen festgenommen, gefoltert und hingerichtet wurden oder, als Teil ihrer makabren propagandistischen Mission, von eigener Hand starben, machten dieselben Leute, die die Gewalt beklagt hatten, aus den Toten Märtyrer ihrer Überzeugung.

Das erste Barceloneser Attentat von einiger Bedeutung waren die Bomben, die ein katalanischer Anarchist namens Paulí Pallàs am 24. September 1893 auf der Gran Vía auf General Martínez Campos warf. Gemäß der anarchistischen Ideologie oder Eigenart fehlte es nicht an Gründen, Martínez Campos, einem Militär mit beachtlicher Karriere, nach dem Leben zu trachten: Er hatte den Karlisten aufsehenerregende Niederlagen beigebracht, einen Aufstand in Kuba erstickt und war einer der Baumeister der bourbonischen Restauration gewesen, eine Zeitlang auch Kabinettspräsident und Kriegsminister. Er war in vielerlei Hinsicht der Archetyp eines hohen Tiers. Im Januar 1892, also anderthalb

Ricard Opisso, *Der kleine Ravachol.* Conté-Bleistift und Tinte. 39 x 32 cm. Museu Nacional d'Art de Catalunya, Barcelona. © VG Bild-Kunst, Bonn 2006. – Diese Zeichnung, die einen Artikel desselben Titels von Raimon Casellas im Kalender der Zeitschrift *Cucut* (Kuckuck) von 1904 illustrierte, zeigt, wie weit der Ruf des französischen Anarchisten über die Grenzen hinausgedrungen und sein Name zum Paradigma der Arbeiterrevolte geworden war.

Jahre vor dem Attentat gegen Martínez Campos, hatte eine zahlreiche Gruppe andalusischer Bauern Jerez de la Frontera eingenommen, um einige Kameraden zu befreien, die im Gefängnis dieser Stadt eine lebenslängliche Freiheitsstrafe absaßen; die Armee hatte diese versuchte Revolte problemlos niedergeschlagen, und vier der Rädelsführer waren zur Würgschraube verurteilt worden. Als sie aufs Schafott geführt wurden, erhob einer der Angeklagten mit dem pittoresken Namen Zarzuela die Stimme und bat das Volk, seinen Tod nicht ungerächt zu lassen. Ob es nun Zarzuelas Ruf war, der Pallàs zum Attentat gegen Martínez Campos anstiftete, welcher mit dem Zwischenfall in Jerez de la Frontera nichts zu tun gehabt hatte, oder ob es ein anderer Grund war, jedenfalls konnte er sein Vorhaben nicht durchführen, denn die beiden Bomben, die er auf den General warf, kosteten einen Soldaten und fünf Zuschauer das Leben, ließen den General jedoch unversehrt. Im Augenblick seines Todes, nicht durch die Würgschraube, sondern durchs Erschießungskommando, stieß Pallàs, dem Beispiel Zarzuelas folgend, einen

Ramon Casas, *Der Angriff*. Gegen 1899. Öl auf Leinwand. 298 x 470,5 cm. Museo Nacional Centro de Arte Reina Sofia, Madrid. Im Depot des Museo Comarcal de la Garrotxa, Olot. © Archivo Fotográfico Museo Nacional Centro de Arte Reina Sofia. – Obwohl auf der Leinwand das Jahr 1903 angegeben ist, malte Casas das Bild früher, wahrscheinlich 1899, was sich daraus ableiten läßt, daß er es auf der Pariser Weltausstellung von 1900 zu zeigen versuchte. Das dafür zuständige spanische Auswahlkomitee lehnte es aber ab. Nach dem Barceloneser Generalstreik von 1902 gab Casas dem Werk einen neuen Titel, der an jenes Ereignis erinnerte – *Barcelona 1902* –, datierte es auf 1903 um und versuchte sein Glück bei der Allgemeinen Ausstellung der

Ruf aus, dessen Echo bis in unsere Tage nachhallt: »Die Rache wird schrecklich sein!« Er wurde im sogenannten »Meergewölbe« des Kastells von Montjuïc füsiliert. Außer ihm wurden im Zusammenhang mit demselben Attentat noch sechs weitere Anarchisten erschossen.

Wie Pallàs vorausgesagt hatte, war die Rache schrecklich und ließ diesmal nur anderthalb Monate auf sich warten. In der Nacht vom 7. auf den 8. November desselben Jahres warf Santiago Salvador zwei Orsini-Bomben vom Olymp des Liceo ins Parkett hinunter. Eine der beiden explodierte, als sie auf einer Sitzlehne aufprallte, und tötete augenblicklich fünfzehn Menschen. Die andere explodierte nicht, entweder weil der Mechanismus versagte oder weil sie, nach einer anderen Darstellung, einer Dame in den Schoß fiel, die bereits durch die erste Bombe umgekommen war. Es brach Panik aus und gab einen Tumult, in dem Salvador unbemerkt aus dem Theater fliehen und dann vom Gehsteig aus die Evakuierung der Verletzten sehen konnte, von denen sieben nach wenigen Tagen starben. Am Ende gab es zweiundzwanzig Tote und fünfzig Verletzte.

Diesmal gehörte die Rache der andern Seite. Am nächsten Tag setzten die Polizeirazzien ein. Die Zahl der Festgenommenen war so groß, daß die Kerker im Kastell von Montjuïc nicht ausreichten und mehrere Schiffe für die Aufnahme der Gefangenen hergerichtet werden mußten. Bei den Verhören wurden keine Mühen der Abschreckung gescheut. Schließlich wurde im Januar 1894 Santiago Salvador verhaftet. Als Vergeltung für diese Festnahme tötete eine weitere Bombe zwei Menschen. Barcelona war zur »Bombenstadt« geworden, ein Name, den ihm nicht einmal Paris streitig machen konnte. Beim Prozeß sagte Santiago Salvador, er habe die Bomben im Liceo geworfen, um Pallàs' Tod zu rächen. Er wurde ebenfalls zum Tode verurteilt und versuchte zweimal, sich umzubringen, schaffte es aber nicht und wurde im November 1894 hingerichtet, genau ein Jahr nach dem von ihm begangenen Attentat.

War die Wahl des Liceo als Zielscheibe für Terror und Bomben passend gewesen, so war es die der Fronleichnamsprozession noch mehr, denn damals gab es in Barcelona kein populäreres, ausgelasseneres Fest. Fronleichnam ist ein bewegliches Fest, das jeweils auf Ende Mai oder Anfang Juni fällt und den Sommerbeginn anzeigt; obwohl oft von Regengüssen getrübt, ist das Wetter in diesen Tagen mild, die Hitze drückt noch nicht, und die Erde gibt die ersten Sommerfrüchte her, Kirschen, Aprikosen und weiße Pfirsiche, »süßer auf der Zunge und auserlesener als die normalen«. Dieses Fest, zugleich ein Fest der Kirche und der Blumen, der Liturgie und der Straße, wurde in Barcelona mit so vielen Prozessionen gefeiert, wie es Pfarreien gab, aber natürlich konnte es in bezug auf Glanz und Massenzulauf keine mit derjenigen der Kathedrale aufnehmen. Hier wurde in einer feierlichen Prozession das Heilige Sakrament in einem Hostienbehälter aus »reichlich Silber« mitgeführt, »nach vortrefflichster gotischer Manier«, »aus dem ersten Gold, das aus Amerika kam« und aus »Diamanten mit weiteren Edelsteinen«, wie Baron Maldà in *Religiöse Bräuche und Traditionen in Barcelona* schreibt. Es war der Bischof mit Pluviale und Dalmatika, der den Hostienbehälter trug, begleitet von den obersten Kirchen-, Zivil- und Militärbehörden mit allen Insignien ihres Amtes. An der Prozession nahmen sämtliche Institutionen der Stadt teil, die Zünfte und Innungen mit ihren Fahnen, Standarten und Bannern, die Truppen in Galauniform und mit ihren Kapellen, Giganten, Riesenköpfe und wunderliche Pappmachétiere, Gruppen von Tänzern, die auf offener Straße zum Rhythmus von Pikkoloflöten, Pauken und Trommeln auftraten, der »Steckentanz« und andere

Schönen Künste. Hier bekam er nicht nur eine Medaille der ersten Klasse, sondern der Staat kaufte das Bild und hinterlegte es Anfang des Jahrhunderts im Museum von Olot. Obwohl man manchmal einen bestimmten Ort in Barcelona zu erkennen glaubte, zeigt das Bild keinen solchen, es werden bloß einige typische Elemente der Stadt angedeutet, etwa die drei Schlote auf dem Paralelo.

ähnliche Kunststücke und mehrere hundert oder tausend herausgeputzte Gläubige mit Fackeln oder Altarkerzen. Dieser Prozession folgten in Bedeutung und Glanz die von Nuestra Señora del Pino und die von Santa María del Mar. Beim Vorbeizug der letzteren wurde am 7. Juni 1896 eine Bombe geworfen, und zwar an der Ecke der Calle de Cambios Nuevos und der Arenas de Cambios. Drei Personen kamen auf der Stelle ums Leben, und weitere vierundvierzig wurden verletzt, von denen neun kurze Zeit später starben. Alle Opfer waren Tagelöhner, Frauen von Tagelöhnern oder Kinder. Heute haftet die Bombe des Liceo lebhafter in der kollektiven Erinnerung als die der Fronleichnamsprozession, vielleicht weil es das Liceo immer noch gibt, während diese Prozessionen verschwunden sind. Aber seinerzeit hinterließ die Fronleichnamsbombe in ihrer Gotteslästerlichkeit und Willkür einen so tiefen Eindruck in der öffentlichen Meinung, daß die Prozession von Santa María del Mar erst 1941 wiederaufgenommen wurde. Einige Stimmen schoben das Attentat der Polizei oder vom Arbeitgeberverband gedungenen kriminellen Elementen in die Schuhe; laut dieser Version hätte die Bombe die massive Repression rechtfertigen sollen, die ihr folgte. Diese Möglichkeit ist nicht auszuschließen. Nach der Bombe des Liceo hatten die Proteste gegen die Ineffizienz der Polizei und die übermäßige Toleranz der sukzessiven Regierungen gegenüber der Subversion zugenommen, und angesichts der vergangenen und vorhersehbaren Ereignisse hatten die Arbeitgeber begonnen, ihre eigenen bewaffneten Trupps aufzustellen. Das wurde von den Behörden stillschweigend toleriert, denn diese Killertrupps lösten für sie viele Probleme der öffentlichen Ordnung. Ob der Zweifel begründet ist oder nicht, die Fronleichnamsbombe und die Mutmaßungen um ihre Urheberschaft markierten den Beginn einer neuen Etappe im Krieg zwischen Arbeitgebern und Arbeitern, in der keine Einigung mehr vorstellbar war. Wieder füllten sich die Kerker auf dem Montjuïc mit Anarchisten, mutmaßlichen Anarchisten, Sympathisanten des Anarchismus und dem einen oder andern antiklerikalen Republikaner und Freidenker. Kraft eines anläßlich der Bombe des Liceo erlassenen Gesetzes, aufgrund dessen jedes Verbrechen mit Sprengstoffen der Militärgerichtsbarkeit unterstünde, wurden vierundachtzig Personen auf diese Art verurteilt. Der Staatsanwalt forderte achtundzwanzig Todesurteile, von denen das Gericht acht aus-

Hinrichtung von Santiago Salvador, dem Urheber des Attentats auf das Liceo-Theater Barcelona am 7. November 1893 während der Aufführung der Oper *Wilhelm Tell.* Die Hinrichtung war wie alle jener Jahre öffentlich und lockte zahlreiche Zuschauer an. Sie fand im sogenannten »Lammhof« des Gefängnisses in der Calle de Amalia statt, in der Nähe der Ronda de San Pablo.

sprach, und davon wiederum wurden fünf sogleich vollstreckt. Wenige wurden freigesprochen, und einundsechzig Verurteilte landeten in der Strafkolonie Río de Oro.

Statt abzunehmen, vervielfachten sich die Attentate. Fehlte es unter den Anarchisten nicht an gemäßigten Gruppen, die vorschlugen, Lösungen für den Konflikt auszuhandeln, so zeigte im Arbeitgeberverband niemand die geringste Neigung zu einem Pakt. Zur offiziellen Repression gesellte sich die Geheimarbeit der Killer. Als hätten die mißbräuchlichen Arbeitsbedingungen noch nicht ausgereicht, um die Gemüter zu erhitzen, forderte die Verschärfung zuerst des Kuba- und dann des Marokkokriegs unter den jungen Männern der Arbeiterklasse allmählich eine Vielzahl an Opfern. Zwar waren auch die Söhne aus gutem Hause dem obligatorischen Wehrdienst unterworfen, aber irgendwie kamen sie immer um die Front herum, entweder indem sie sich für eine bestimmte Summe auf die Liste der Überzähligen setzen ließen oder durch Vetternwirtschaft an einen ruhigen, sicheren Ort auf der Halbinsel geschickt wurden.

Den Attentaten folgte zu Jahrhundertbeginn eine Streikwelle. Der spektakulärste Streik hatte bereits 1890 stattgefunden – daran beteiligten sich 16 000 Arbeiter aus Barcelona, und die Triebfeder war keine andere als die Solidarität mit den Arbeitern von Manresa, damals Opfer einer Aussperrung. 1902 gab es einen weiteren bedeutungsvollen Streik: Angezettelt vom Hüttensektor, führte er bald zu Konfrontationen mit der Polizei, bei denen es zehn Tote und zahlreiche Verletzte gab. Das brachte die Gemüter noch mehr auf, und nach und nach schlossen sich dem Streik die übrigen Arbeitergruppen an, bis er zum Generalstreik wurde. Diese Streiks härteten zwar die Neulinge im Kampf ab, aber es fehlte ihnen größtenteils an Organisation und konkreten Zielen, so daß sie, abgesehen von einigen vereinzelten Erfolgen, auf die Dauer nicht mehr bewirkten, als daß sie die nachfolgende Repression rechtfertigten, die Meinungsverschiedenheiten innerhalb der Arbeiterklasse verstärkten und unter deren Mitgliedern mit einer Idee, die nur fürs Märtyrertum geeignet schien, Zwietracht säten. Aber es war zu spät, um einen andern Weg zu gehen. Zur großen Verzweiflung der Madrider Sozialisten und ihres Führers Pablo Iglesias, der sich zum Gesetz bekannte und so bei der Regierung einige Lohnaufbesserungen und andere Zugeständnisse durchgesetzt hatte, riefen die Barceloneser Anarchisten immer gleich einen Generalstreik aus, der selten von Erfolg gekrönt war, aber unvermeidlich zu einer Straßenschlacht mit der Polizei führte – zu den Klängen einer Hymne mit dem Refrain:

Unsere Macht
Brichst du nicht,
Bürger, zurück!
Bist nur ein Wicht.

Aber nicht jeder Streik endete mit Hieben und Liedern. Anfang des 20. Jahrhunderts hatten die Bauarbeiter schon den Achtstundentag durchgesetzt, während der Textilsektor, in Barcelona wichtiger und mit mehr Mitgliedern, aber in diesem Bereich weniger aktiv, immer noch den Elfstundentag kannte. Die Kutscher hatten täglich elfeinhalb Stunden gearbeitet, bis sie diese Arbeitszeit ebenfalls zu Jahrhundertbeginn dank einem erfolgreichen Streik auf die vernünftigere Dauer von neun Stunden reduzieren konnten.

»Szenen der entsetzlichsten Verbrechen«

Die Kriminalität

Wenn der Terrorismus und der Klassenkampf Barcelonas Straßen mit Blut befleckten und das friedliche, etwas provinzielle Leben seiner Einwohner trübten, so schien die Kriminalität nicht übermäßig bedeutend zu sein, wie man den überlieferten Berichten und den immer anfechtbaren Statistiken aus jener Zeit entnehmen kann. Höchstwahrscheinlich gab es in Wirklichkeit eine stark zunehmende Kriminalität, aber die mit ihrer Bekämpfung beauftragte Polizei war so ineffizient und verfügte für ihre Arbeit über so geringe, veraltete Mittel, daß viele Verbrechen ungesühnt blieben, und man mußte schon eine aufsehenerregend grausame Tat begehen, damit sie irgendwo festgehalten wurde. Natürlich wimmelte es von – eher listigen als wirklich bösartigen – Schurken, unbedeutenden Kriminellen: Taschen- und Gelegenheitsdieben und Bauernfängern, die die frisch in die Stadt gekommenen Dörfler rupften. Ebenfalls gab es eine auf bestimmte Viertel und Tageszeiten beschränkte Unterwelt, wo sich die Polizei nicht einmischte und das Gesetz des Stärkeren herrschte – es war die Welt der Messer und der Knüppel, das Reich der Zuhälter und Killer. Da sie die Grenze ihres Bezirks kaum je überschritten und auch die oberen Zehntausend ihren Fuß nicht dorthin setzten, lebten die beiden Welten friedlich nebeneinanderher. Aber natürlich fehlte es auch nicht an echten Verbrechern, Leuten also, die sich nicht nur im Widerspruch zum Strafgesetzbuch verhielten, sondern es auch zum Schaden derjenigen taten, zu deren Schutz das Gesetz erlassen worden war. Diese Kriminellen sahen immer schrecklich aus, als hätte sie jemand in didaktischer Absicht entworfen oder so, daß sie nicht unbemerkt bleiben konnten. Wenn sie gefaßt und in den Justizpalast gebracht wurden, der in den 1880er Jahren noch einen Teil des Palacio de la Diputación (des heutigen Palacio de la Generalitat) eingenommen hatte, legten die Kriminellen eine große Roheit an den Tag, anstatt sich anständig zu benehmen und sich so die Sympathie von Richtern und Gefangenenwärtern einzuhandeln. »Am 1. Juli 1893, bei einer Hauptverhandlung, sprang der Angeklagte plötzlich von der Bank auf und versetzte einem Belastungszeugen einen gewaltigen Messerstich.« Andere bissen zum Ergötzen der Reporter ihre Wärter, tadelten ihre Pflichtverteidiger, schäumten vor Wut, wenn ihnen das Urteil verkündet wurde, lästerten Gott und verfluchten lauthals ihr Los und selbst die eigene Mutter. Mit diesen offensichtlich unverbesserlichen Individuen steinharten Herzens hatte die Justiz kein Erbarmen.

In Barcelona waren die Hinrichtungen immer öffentlich gewesen und mit viel Pomp durchgeführt worden, um die von ihnen erwartete Doppelfunktion von Belehrung und Schauspiel zu erfüllen. Das hatte eine lange Tradition. Am 12. Dezember 1492, genau drei Monate nach der Entdeckung Amerikas, wurde ein Bauer namens Juan Cañamés hingerichtet, der weiß Gott warum ein Attentat gegen Ferdinand den Katholischen begangen hatte. »Zwischen elf und zwölf Uhr vormittags wurde der Angeklagte in einem Fuhrwerk, an einen Pfahl gebunden, aus dem Gemeindegefängnis gefahren; auf der alten Plaza del Blat wurde ihm eine Hand abgehackt und auf der Plaza del Born die andere.« Dort verschied Juan Cañamés, wahrscheinlich verblutet, aber diese Widerwärtigkeit setzte keinen Schlußpunkt unter die Hinrichtung, sondern sie wurde Schritt für Schritt fortgesetzt. »Auf der Plaza Nueva wurde ihm ein Schenkel abgetrennt, auf der Plaza Santa Ana das andere Bein und der andere Schenkel; dann wurde er durch die Calle San Pedro zum Portal Nuevo gebracht, während man ihn unterwegs vierteilte... Nach dem Portal wurde der Wagen in Brand gesteckt, so daß alles, Gefährt und Leiche, eine einzige Glut war«, erzählt Lluís Camós Cabruja in seinem Buch *Beschreibung des ehemaligen Barcelona.*

Später waren die Hinrichtungen nicht mehr an wechselnden Orten durchgeführt worden, sondern das Schafott hatte sozusagen ein eigenes Domizil bekommen, das im Lauf der Zeiten immer wieder an einen andern Ort verlegt wurde. Zunächst waren die Exekutionen auf der Plaza del Rey vollzogen worden, wo die Inquisition ihre Autodafés durchführte, danach, wie man dem 1841 gegen einen gewissen Josep Escolà alias *Sanch i fetge* (Blut und Leber) ausgesprochenen Hinrichtungsbefehl entnehmen kann, in der Nähe der heutigen Plaza de España, genauer gesagt auf der Cruz Cubierta, einer Anhöhe außerhalb der Stadt, die aber aus der Ferne sichtbar war – dort erhoben sich die Galgen, damit die Reisenden, wenn sie nach Barcelona kamen, wußten,

Francesc Galofre Oller, *Auspeitschung*. 1892. Öl auf Leinwand. 300 x 500 cm. Museum von Valls. Fotografie © Català-Roca. – Die Ausstellung dieses Bildes in der Sala Parés 1892 war ein regelrechtes Ereignis in der Stadt. Während der ganzen Ausstellungsdauer bildeten sich in der Calle Petritxol endlose Schlangen. Dieser Erfolg zeigt, daß der Kunstgeschmack des breiten Publikums nicht eben zur innovativen Malerei tendierte – etwa zu der Ramon Casas' oder Santiago Rusiñols, die in denselben Jahren in der Sala Parés ihre Pariser Bilder ausstellten –, sondern zur eher genrehaften Malerei. In diesem konkreten Fall war das morbide Thema, welches das Bild darstellt, zweifellos bestimmend für seinen Erfolg. Die als Auspeitschung bekannte Strafe, in Kraft bis Anfang des

woran sie waren. Solange es die Zitadelle gab, war der Schauplatz der Hinrichtungen deren Innenhof. Später wurde das Gefängnis in die Calle de Amalia verlegt und die Exekutionen in den »Lammhof« neben den Gefängnismauern, auf einem Baugrund, der an die Ronda de San Pablo grenzte.

Seit vielen Jahren waren auch die Ehrenstrafen verschwunden, deren letzte am 22. August 1816 auf eine Frau mit dem Spitznamen Tante Caterina angewandt wurde, die, der Verführung junger Mädchen angeklagt, in den Straßen Barcelonas vor aller Augen ausgepeitscht wurde.

In der hier zur Debatte stehenden Zeit fanden im »Lammhof« fünf Urteilsvollstreckungen statt, was nicht viel ist, wenn man in Rechnung stellt, daß eine davon diejenige Santiago Salvadors war, des Anarchisten, der die Bomben im Liceo warf und den die Zivilgerichtsbarkeit verurteilte, da das oben erwähnte Sprengstoffgesetz noch nicht erlassen worden war und das Attentat sich nicht gegen Militärs gerichtet hatte. Die andern vier Hingerichteten hießen Isidro Monpart, Aniceto Peinador, Silvestre Lluís und Juan Rull. Die ersten drei hatten entsetzliche Verbrechen begangen, die die Öffentlichkeit stark beschäftigt hatten. Am 31. Juli 1890 war Isidro Monpart bei einem Einsteigediebstahl in flagranti ertappt worden und hatte ein Dienstmädchen und die fünfjährige Tochter des Hauses umgebracht. Monpart war ein

19. Jahrhunderts, bestand darin, daß der Angeklagte auf einem Esel vom Gefängnis aus durch mehrere Straßen wieder zum Gefängnis zurückgeführt wurde und unterwegs dreihundert Peitschenhiebe bekam, drei an jeder Straßenkreuzung bei hundert Zwischenhalten. Dabei las der Gerichtsdiener jedesmal die Worte »Es verordnet der König Unser Herr, und in seinem Namen die Königliche Strafkammer, daß dieser Mann namens ... die Strafe von dreihundert Peitschenhieben erdulde für (folgte das begangene Verbrechen)«. Wenn man auf der Plaza del Ángel angekommen war, wurde seinem Rücken mit einem glühenden Eisen das Stadtwappen eingebrannt. Diese Strafe wurde auch bei Frauen angewandt, obwohl man sie nur noch öffentlich an den Pranger stellte, ohne sie auszupeitschen (die letzte Auspeitschung einer Frau hatte am 22. August 1816 stattgefunden).

unverbesserlicher Übeltäter, der schon früher eine Frau ausgeraubt und vergewaltigt hatte. Am 16. Januar 1892, als er zweiundzwanzig war, setzte der Henker seinem Verbrecherleben ein Ende. Aniceto Peinador hatte sich mit seinem Freund Amadeo Puig alias *Tranyna* (Spinnwebe) verschworen, um einem gemeinsamen Freund namens Ramón Roig die Uhr zu stehlen. Da sich Roig wehrte, tötete ihn Aniceto Peinador mit seinem Schnappmesser. Danach tat er dasselbe mit seinem Komplizen *Tranyna*, um die Beute nicht teilen zu müssen. Er war neunzehn Jahre alt, als er am 12. Juli 1893 hingerichtet wurde. Der Fall von Silvestre Lluís ist noch elender, da seine Schuld im Zusammenhang mit dem ihm angelasteten Mord nie vollständig bewiesen werden konnte. Interessanter dagegen ist der Fall von Juan Rull, der als Spitzel für die Polizei arbeitete und diese über die von den Anarchisten geplanten Attentate informierte. Da diese Attentate nicht in der gewünschten Häufigkeit stattfanden, begann er, sie selbst zu begehen, um sie dann sogleich zu denunzieren. Nachdem das aufgeflogen und er verhaftet worden war, konnte man beweisen, daß er nicht weniger als sieben Bomben gelegt hatte: eine, die nicht explodierte, auf der Rambla San José, eine in den Pissoirs der Rambla de las Flores, die explodierte und einen Benutzer namens Benito Llop verletzte, eine in einem Treppenhaus der Rambla de Canaletas, die zwei Personen verletzte, zwei weitere auf der Rambla de las Flores, von denen bloß die eine explodierte und einen Mann verletzte, der zufälligerweise Miguel Cervantes hieß, eine in einem Eingang der Calle de la Boquería, die den Tod einer Frau und mehrere Schwerverletzte forderte, von denen man einem einen Arm und einem andern ein Bein amputieren mußte; die letzte schließlich, auf dem Boulevard Salón de San Juan, löste bloß einen beträchtlichen Alarm aus. Juan Rull würde eine Studie verdienen: Anscheinend kassierte er für seine Dienste verschwindend geringe Summen, die er dann mit seinen Freunden bei »dauernden Gelagen, Frauen und Wein« verpraßte, »in einem Freudenhaus, das es damals in der Calle de Roca gab, wo sie späte, von einer nahen Schenke hergeholte Abendessen verzehrten«. Juan Rull, der immer gehofft hatte, die einflußreichen Persönlichkeiten, denen er mit solcher Hingabe gedient hatte, würden sich für ihn verwenden, stieg am 8. August 1908 aufs Schafott, resigniert und ohne das Publikum, das solchen Schauspielen beizuwohnen pflegte, denn damals wa-

Ramon Casas, *Würgschraube*. 1894. Öl auf Leinwand. 127 x 166 cm. Museo Nacional Centro de Arte Reina Sofía, Madrid. © Fotoarchiv des Museo Nacional Centro de Arte Reina Sofía. – So, wie die Hinrichtung von Aniceto Peinador – Thema dieses Bildes von Ramon Casas, das dem graphischen Dokument nähersteht als der sogenannten Historienmalerei, die damals sehr in Mode war – Tausende Neugierige in den Gefängnishof gelockt hatte, so zog im Jahr 1894 auch das Bild ein zahlreiches Publikum an. Höchstwahrscheinlich war der Erfolg eher auf die dargestellte

ren die Exekutionen schon nicht mehr öffentlich, sondern wurden in Nebengebäuden vollzogen, die für diesen Zweck im neuen Gefängnis in der Calle Entenza hergerichtet worden waren.

Als die Hinrichtungen aus der Öffentlichkeit verschwanden, regten sich viele Leute sehr auf. Da sie ihren abschreckenden Charakter verloren habe, sei die Hinrichtung zu einem barbarischen Racheakt geworden, sagten sie nicht ohne Grund. Ihnen wurde entgegengehalten, die öffentlichen Hinrichtungen seien für die, die ihnen beiwohnten, nicht im geringsten eine Lehre, sondern dienten bloß dem niedrigsten Pöbel zur Unterhaltung. In seiner Schilderung des Todes von Isidro Monpart erzählt Tomàs Caballé, wie »die Menge brüllte und grölte, in Geschrei und (...) Gelächter ausbrach. Viele Zuschauer frühstückten an Ort und Stelle und hoben den Weinschlauch oder die lederne Weinflasche.« Die Gefühllosigkeit der Massen bei einer Hinrichtung ist ein Gemeinplatz, der in keinem Bericht zu diesem Thema feh-

Szene als auf den unzweifelhaften malerischen Rang des Bildes zurückzuführen. Mit noch größerem Enthusiasmus war zwei Jahre zuvor *Auspeitschung* von Galofre Oller begrüßt worden, ein Gemälde von anfechtbarem künstlerischem Wert.

Josep Domènech Estapà, *Modelo-Gefängnis*. 1881-1904. Fotografie A. Mas. Institut Amatller d'Art Hispànic-Arxiu Mas, Barcelona. – Domènech Estapà, einer der der modernistischen Architektur gegenüber am feindlichsten eingestellten Architekten, hatte wahrscheinlich in Barcelona die meisten wichtigen öffentlichen Gebäude der modernistischen Zeit entworfen (die Königliche Akademie der Wissenschaften und Künste, den Justizpalast, die Sociedad Catalana de Gas y Electricidad, die Klinik, das Fabra-Observatorium). Das neue Barceloneser Gefängnis war damals ein »Modell« dessen, was eine Strafanstalt zu sein hatte.

len darf. Aber man kann das nur schwer glauben. Eine Szene wie die geschilderte scheint eher dem Bereich der Fiktion zu entstammen, ausgedacht, um das traurige Schicksal einer Fantasiefigur zu illustrieren, und schließlich wurde sie zur obligaten Kulisse sämtlicher derartiger Szenen, zu einer vorgefaßten Meinung. Zwangsläufig löste eine Hinrichtung in den Zuschauern eine emotionale Spannung aus, die einige mit Geschrei und Gelächter zu lindern versuchten – und andere, wie der aus beruflichen Gründen zur Anwesenheit gezwungene Berichterstatter, indem sie um sich herum Symptome von Grausamkeit suchten. Ramon Casas, der der Hinrichtung von Aniceto Peinador beiwohnte (und nicht der von Monpart, wie einige sagen, noch der von Santiago Salvador, wie gemeinhin angenommen wird), hat uns ein Gemälde von erschreckender Feierlichkeit hinterlassen, auf dem von Rummel nichts zu sehen ist.

»Sprengten völlig mühelos ihre Ketten«

Theater und Unterhaltung

Für den bessergestellten Barcelonesen, der sich nach der Arbeit nicht ins traute Heim zurückziehen mochte, hielt die Stadt auch viele Lustbarkeiten bereit. Das Liceo war nicht die einzige Quelle der Zerstreuung und Kultur, die es damals gab. Barcelona verfügte daneben über mehrere hervorragende Theater und eine unbestimmte, aber nicht geringe Zahl an verschiedenartigsten Aufführungsstätten.

Das Teatro Principal, das sich auf der Plaza del Teatro befand und immer noch befindet, brüstete sich, das älteste ganz Spaniens zu sein, und war auf jeden Fall das erste Haus in Barcelona, in dem eine Oper aufgeführt wurde. In einem ländlichen Barcelona, das nun vom bürgerlichen Barcelona, dem des Ensanche-Viertels und der Weltausstellung, schnell in die Vergessenheit gedrängt wurde, war es das Theater par excellence gewesen. Es bot 2200 hinsichtlich Bequemlichkeit und Pracht wenig anspruchsvollen Zuschauern Platz. Die akustischen Bedingungen waren mangelhaft, ebenso die Lüftung, die Beleuchtung und die gesamte Bühnenausrüstung. Ende des Jahrhunderts gab es, in Erwartung einer vorgesehenen Modernisierung, Zarzuelas mit renommierten Truppen und manchmal auch Akrobatik- oder Zauberveranstaltungen. Das modernere und etwas kleinere Teatro Romea in der Calle Hospital widmete sich der katalanischen Bühnenproduktion. Auch der Circo Barcelonés in der Calle Montserrat war trotz seines Namens ein Theater, das 1883 nach einem Brand von Baumeister Josep Fontseré wiederaufgebaut wurde. Das Teatro del Odeón nahm eine zweite Etage in der Calle Hospital ein, wenige Meter vom Romea entfernt, und zeigte bis zu seiner Schließung Ende 1880 ein abwechslungsreiches Repertoire an Schauerdramen, die ihm den Spitznamen *l'Escorxador* (das Schlachthaus) eintrugen. Das Olimpo und das Jovellanos, beide mehr oder weniger Amateurbühnen, beschließen diesen summarischen Überblick über die Altstadttheater.

Im neuen Teil, auf dem Paseo de Gracia zwischen der Ronda

Ab 1895 fanden in Barcelona die ersten Lichtspielvorführungen statt, die auf riesiges Interesse stießen. Die Filme wurden in Schaubuden, einigen Theatern wie dem Principal und dem Novedades oder im Fotostudio von *Napoleón* (Antonio Fernández) gezeigt, wo es seit 1896 regelmäßige Vorführungen gab. Das erste kommerzielle Kino war das Belliograf, das den Brüdern Bellio gehörte, die ihren definitiven Saal 1898 in der Rambla de Santa Mónica einrichteten. Dieses in der *Il·lustració Catalana* vom 16. Dezember 1906 veröffentlichte Foto zeigt das Poliorama, das von Salvador Alarma und Miquel Moragas ausgestattet und im selben Jahr in der Rambla de los Estudios eröffnet wurde. Institut Amatller d'Art Hispànic-Arxiu Mas, Barcelona.

Foto von 1908 des Teatro Arnau auf dem Paralelo-Boulevard, der 1894 eröffnet wurde und wo sich das schlüpfrige Leben der Stadt konzentrierte. Im Arnau debütierte 1911 als erste die berühmte Chansonnette Raquel Meller, die 1888, im Jahr der Weltausstellung, geboren wurde und 1919 nach ihrem großen Erfolg im Pariser Olympia schon ein internationaler Star war.

de San Pedro und der Calle Caspe, befand sich das Teatro Tívoli, anfänglich als Sommertheater gebaut, später aber auch für Winterbespielung hergerichtet. Es war ein sehr einfaches Holzgebäude, jedoch mit einem enormen Bühnenraum, ideal für Großdarbietungen wie Ballette, Operetten und Zarzuelas. Ihm gegenüber stand das Teatro Novedades, das wie sein Nachbar »zur Erholung der Zuschauer in den Pausen« über einen baumbepflanzten Bereich verfügte. Es war auf spanische und katalanische Dramen spezialisiert, zeigte aber gelegentlich auch französische und italienische Stücke. Weiter oben, ebenfalls auf dem Paseo de Gracia, befand sich das Teatro Español, ein weiteres Sommertheater

mit Schauspielen und Zarzuelas, in dessen Arboretum es ein Aquarium gab. Vielleicht das eleganteste Theater seiner Art war das Teatro Lírico, auch Sala Beethoven genannt, erbaut vom Financier Evaristo Arnús in den Gärten seiner Liegenschaft in der Calle Mallorca, unweit des Paseo de Gracia. Im Garten um das Haus gab es einen Pavillon, ein Vogelhaus, einen Wasserfall, einen See und eine Grotte. Über seine Bühne passierten renommierte Namen wie Sarah Bernhardt oder Camille Saint-Saëns.

Mit seinen architektonischen und ornamentalen Besonderheiten ist der Palau de la Música, Konzertsaal vor allem für Chormusik, weniger ein Phänomen des Theaters als vielmehr der bildenden Künste, wo er immer ein Gegenstand lebhafter Polemik war.

In einer mehrheitlich agrarischen Gesellschaft, für die die Abrichtung von Tieren, die manuelle Geschicklichkeit und die Muskelkraft unmittelbare, alltägliche Dinge waren, war der Zirkus von alters her das Schauspiel schlechthin gewesen. Aber als er Ende des 19. Jahrhunderts, in einem Augenblick, in dem selbst die Zugpferde immer mehr durch Motorfahrzeuge ersetzt wur-

Die immer größere Bedeutung des Orfeó Català, eines 1891 von Lluís Millet und Amadeu Vives gegründeten Gesangvereins, veranlaßte diese beiden zum Bau eines neuen Sitzes mit einem großen Zuhörerraum. Das Projekt übernahm Domènech i Montaner. Die Grundsteinlegung fand 1905 und die Einweihung 1908 statt. Für seinen Palau de la Música, eines der Vorzeigegebäude der modernistischen Architektur in Barcelona, suchte Domènech die Mitarbeit der besten Spezialisten: bei den Glasfenstern Antoni Rigalt, bei den Mosaiken Lluís Bru, bei den Bildhauerarbeiten im Innern Eusebi Arnau und Pau Gargallo und bei der Skulpturengruppe der Fassade

Miquel Blay. Der Palau gewann 1908 den Preis der Stadt für das beste Gebäude, eine Auszeichnung, die Domènech bereits zum zweiten Mal erhielt – das erste Mal für die Casa Lleó Morera – und der ihm noch ein weiteres Mal verliehen werden sollte, 1912 für das Hospital de Sant Pau. Fotografie © Pere Vivas und Ricard Pla. Mit freundlicher Genehmigung von Orfeó Català/Palau de la Música.

Das Centro Cómico Lírico organisierte in der Karnevalszeit im Teatro Novedades jeweils Maskenbälle. Diese hatten schon in den Vorjahren eine Glanzzeit erlebt und erfreuten sich während der modernistischen Zeit weiterhin großer Beliebtheit.

den, vom Land in die Stadt versetzt wurde, war er bald nicht mehr, was er immer gewesen war, und wandelte sich zu einem Schaufenster des Ungewöhnlichen, wo die alten Gewandtheiten mit bisher den Jahrmärkten vorbehaltenen Kunststücken und Personen kombiniert wurden.

Der berühmteste der Zirkusse jener Jahre war der Circo Ecuestre mitten auf der Plaza de Cataluña, der zwar als Provisorium gedacht war, jedoch siebzehn Jahre dort blieb, von seiner Eröffnung am 21. Mai 1879 bis zum 29. Oktober 1895. Er bot ein vorgeblich elegantes Spektakel – für ein erwachsenes Publikum, was der Umstand zeigt, daß die Donnerstagnachmittagsvorstellung für die Kinder war. 1892 wurde eine weitere ausschließlich den zirzensischen Darbietungen gewidmete feste Lokalität eröffnet: der Circo Español Modelo auf dem Paralelo. Da er in dieser dem Zentrum fernen Straße stand, die schlechte Verkehrsverbindungen und einen noch schlechteren Ruf hatte, hatte er trotz seiner anscheinend hervorragenden Nummern ein nur kurzes Leben. 1894 wurde er im Zuge des unvermeidlichen Brandes zu einem Theater umgebaut. Einige Zirkusvorstellungen fanden auch in Opern- oder Schauspielhäusern statt wie dem Principal, dem Novedades oder dem Tívoli, aber die meisten Zirkusse bauten ihr traditionelles Zelt auf irgendeinem Brachland auf. Da sie bescheidene, flüchtige Erscheinungen waren, hat die Zeit in manchen Fällen jede Gewißheit ihres Aufenthalts in Barcelona ausgelöscht. Den Spezialisten in Erinnerung bleiben der 1898 im Teatro Nuevo Retiro installierte Zirkus, ferner der Circo Cannetty (mit seiner Wanderausstellung von Wachsfiguren, die »die schrecklichsten Szenen der grauenhaftesten Verbrechen darstellten«), der Circo Hipódromo de Verano, der auf dem sogenannten »Erdmandelfeld« stand, wo sich heute das Teatro Victoria befindet, und der der Buffalo-Bill-Kompanie, der seine erste Vorstellung am 21. Dezember 1890 auf einem Feld im Gracia-Viertel gab, zwischen der Calle Aribau und der Muntaner. Unter den Attraktionen, die dort gezeigt wurden, seien die folgenden erwähnt: die Schwestern Sansoni, zwei Herkulesfrauen, die »völlig mühelos ihre Ketten sprengten«, der berühmte Verwandlungskünstler Leopoldo Fregoli, Toiset, »der König des Xylophons«, der renommierte Filmschauspieler Max Linder, eine Liliputanertruppe mit ihrem überaus populären Zwergakrobaten »el negret«, die Clowns Pippo und Seiffert, Arturo Chiesi, der auf dem Pferd »mit großer Sicherheit und Gewandtheit« den doppelten Salto mortale ausführte, der Akrobat Salvador Mendoza, genannt der »Heuschreckenmann«, die Leger-Lia, ein »Buckligenpaar von großer Komik«, »Die Najaden«, die in einem Wassertank Übungen vorführten, das Orchester der Wiener Damen, die »Chamäleonfrau« Galatea, die durch ein Lichtspiel die Farbe ihrer Bekleidung veränderte, Carner und sein rechnender Hund, Bona Aladine, die schöne Kakadudressiererin, Alf Tveck, der auf dem Kopf ging, und Mme. Germana Marchalt, genannt die »Blei-und-Feder-Frau«, da sie nach Belieben zu- oder abnehmen konnte.

Auch die Pantomimen waren sehr populär, ein Zwitter aus Mimik und *tableau vivant*, dem »lebenden Bild«. Sie waren in mancher Hinsicht das Äquivalent zum heutigen Fernsehen, und unter den attraktivsten Titeln figurierten *Der Krieg von Afrika*, *Die Feria de Sevilla* (in deren Verlauf eine Jungstier-Corrida stattfand), *Das grüne Teufelchen, Aladin und die Wunderlampe, Garibaldi, Die Banditen von Kalabrien, Der Ruhm Spaniens, Karneval auf Eis, Luzifer, Die Heldin von Saragossa, Die Kapitulation Granadas und der unsterbliche Kolumbus, Ein Wunder der Muttergottes von der Taube, Juan Garín oder Der Einsiedler von Montserrat, Mansueto oder Die Höhlen von El Bruc, Aschenbrödel* und *Nächtliches Fest in Peking*.

Diesem Überblick über das weltliche Leben in Barcelona sind noch die öffentlichen Bälle hinzuzufügen, etwa der in der Palmera auf der Plaza Junqueras oder im Barcelonés in der Calle del Carmen, und die sogenannten Musikcafés, wo die berühmten Chansonsängerinnen auftraten und deren wichtigste das Edén Concerts in der Calle Conde del Asalto, das Alcázar Francés in der Calle del Ginjol und das Barcelonés in der Calle Unión waren, letzteres auf Flamenco spezialisiert.

Eine besondere Erwähnung verdient der Paralelo, ein etwas abgelegener, 1894 eröffneter Boulevard, auf dem sich die »sittenlose« Unterhaltung der Stadt konzentrierte. Hier reihten sich Cafés, Theater, Schaubuden, Auktionshäuser, Attraktionen und Tavernen aneinander. Hier fand die Prostitution statt. Heute läßt sich schwer sagen, welche Art Schauspiel in diesen Spelunken angeboten wurde, von denen damals alle in mißbilligendem Ton und später mit Nostalgie sprachen, als sie bereits einer unwiederbringlichen Vergangenheit angehörten. Wahrscheinlich

Programm des Auftritts der berühmten italienischen Schauspielerin Eleanora Duse im Teatro Prinicipal im Oktober/ November 1900 in Dumas' *Kameliendame* und *La Gioconda* von D'Annunzio, mit dem sie eine turbulente Liebesbeziehung hatte. Anläßlich ihres Aufenthalts in Barcelona wurde sie, wie es mit den bedeutenden Intellektuellen und Künstlern zu geschehen pflegte, die die Stadt besuchten, mit einem Abendessen im Els Cuatre Gats geehrt. Bei diesen Gelegenheiten zeichnete Ramon Casas jeweils ein Kohleporträt der Geladenen. Vermutlich konnte er, obwohl ein großer Bewunderer der Duse, an jenem Essen nicht teilnehmen, denn zumindest nach unseren Informationen gibt es keine solche Zeichnung von ihr. Institut del Teatre-MAE.

In der modernistischen Zeit wurde das Teatro Principal – das neben dem Liceo renommierteste Barceloneser Theater – von Ceferino Palencia geleitet, einem Unternehmer und Dramatiker, der mit María Tubau verheiratet war, einer der wichtigsten Figuren des spanischen Theaters dieser Jahre. Das abgebildete Programm verzeichnet die Vorstellungen der Compañía de María Tubau in der Spielzeit 1904/05, unter denen *Cuesta abajo* (Bergab) herausragt, ein Stück, das Emilia Pardo Bazán eigens für die Tubau verfaßt hatte.

Programm der Darbietung des italienischen Verwandlungskünstlers Leopoldo Fregoli im Teatro Novedades im November 1903. Fregoli verdankte seine große Popularität der unglaublichen Geschwindigkeit, mit der er sich in alle Figuren ein und desselben Stücks verwandeln konnte, scheinbar ohne durch seinen Abgang von der Bühne die Vorstellung zu unterbrechen.

wurden in den übelsten, von den Nachtschwärmern aus gutem Hause besuchten Lokalen sogenannte »sykaliptische« Aufführungen gegeben – ein vom Madrider Journalisten Félix Limendoux geprägter spanischer Neologismus, der durch ein lockeres Theaterstück mit dem Titel *Venus-Salon* populär wurde und dem heutigen Begriff »pornographisch« gleichkommt. In solchen Lokalen war die als »Der Floh« bekannte Nummer unerläßlich, in der eine spärlich bekleidete Frau auf einer Bühne oder einem Podium ihre Wäsche lüftete und sich dekolletierte, um einen vermeintlichen Floh zu suchen, den sie angesichts der Gattung des Ortes schließlich auch immer fand. In den primitivsten Lokalen hatten die Darbietungen die üblichen Ingredienzien an

Überraschung, Zoten und Brutalität zu vereinen. Es ist üblich, gegenüber diesen Dingen, die in einer verhältnismäßig jungen Vergangenheit als erotisch oder sündhaft bezeichnet wurden, eine Haltung anmaßenden Wohlwollens einzunehmen, als hätten wir die Angelegenheit sozusagen erst in der Gegenwart ergründet. Müßig zu betonen, daß diese Haltung trügerisch ist. Nichts weist darauf hin, daß die menschliche Natur vor hundert Jahren reiner war als heute oder die Fantasie weniger fruchtbar. Möglicherweise ist das, was damals ein Born der Lüsternheit war, für den heutigen Geschmack, für die von den jüngsten Moden diktierten Gewohnheiten nicht mehr attraktiv, aber zweifellos waren die Darbietungen jener stinkenden, schäbigen, düsteren Spelunken des Paralelo in den letzten Jahrzehnten des vergangenen Jahrhunderts so pervers, ordinär und lüstern, wie man nur sein kann.

Die Truppe des Circo Ecuestre, eines der berühmtesten Zirkusse der Zeit, der von 1879 bis 1895 auf der Plaza de Cataluña stand, kam im September 1904 erneut nach Barcelona und installierte sich diesmal im Teatro Tívoli. In seinem Programm hatte das weibliche Element über das männliche die Oberhand und der Effekt über das Risiko. In diesem Sinn glich er eher unserem Kabarett als der heutigen Idee des Zirkus. Institut del Teatre-MAE.

»Eine Epoche voller Illusionen«

Der Untergang des Modernisme

Wenn er es in der Kindheit geschafft hatte, den Pocken, den Masern, der Diphtherie, dem Scharlach und dem Keuchhusten zu entkommen, wenn ihn die Epidemien verschont und ihm die Kolonialkriege, Bomben der Anarchisten oder Vergeltungsmaßnahmen gegen diese, die Meerbäder oder eine andere der unzähligen Gefahren, die an jeder Ecke lauerten, nicht schon vorher den Garaus gemacht hatten, so hatte der Barcelonese, der in jener Zeit starb, große Chancen, es an Tuberkulose oder einer Lungenentzündung zu tun, bei weitem die häufigsten Todesursachen jener Jahre. Dann wurde er auf den Südwestfriedhof gebracht – mit dem Prunk und dem Zeremoniell, die seiner Stellung und seinem Vermögen entsprachen, und nach denselben Maßstäben in einer monumentalen Familiengruft, einem Grab, einem traurigen Nischen- oder einem Massengrab beerdigt. Wenn er zur Oberschicht gehörte, konnte er ruhig und in der Gewißheit sterben, daß sein Andenken in der Verwandtschaft lange gegenwärtig wäre – die Trauer einer Witwe dauerte zwei Jahre. Im ersten Jahr war sie streng, in den folgenden sechs Monaten etwas weniger und in den restlichen sechs schon fast Halbtrauer. In dieser letzten Phase waren Spitzen, Gagate, Litzen und anderer Zierat erlaubt, die in den ersten achtzehn Monaten ausgeschlossen gewesen waren. Im ersten Trauerjahr durften nur Merino- und Kreppstoffe getragen werden, und selbst die Handschuhe mußten aus Wolle sein; später waren weniger strenge Stoffe und Seiden- oder Lederhandschuhe erlaubt. Nach diesen beiden Jahren durfte die Witwe Grau tragen. Das Gesinde des Hauses mußte ebenfalls Trauer tragen, genausolange und nach derselben abgestuften Strenge. In den ersten sechs Monaten nach dem Tod empfingen die Angehörigen des Verstorbenen keinen Besuch. Danach durften die Trauerbesuche, die man dann bekam, erwidert werden, aber niemals zu Empfangsstunden, damit nicht gesagt werden konnte, im Schutz dieser Höflichkeitspflicht werde das gesellschaftliche Leben wiederaufgenommen. In der ersten Trauerphase war jede Ablenkung, welcher Art auch im-

Josep Puig i Cadafalch, *Grab der Familie Amettler* auf dem Südwestfriedhof, 1883 von Bürgermeister Rius i Taulet eingeweiht. Fotografie A. Mas. Institut Amatller d'Art Hispànic-Arxiu Mas, Barcelona. – Im Zuge der Bevölkerungszunahme mußte ein neuer Friedhof gebaut werden, wovon das Bürgertum profitierte, um große Familiengräber errichten zu lassen, die, genau wie die Häuser oder Sommervillen, ihre gesellschaftliche und wirtschaftliche Macht zeigen sollten. So wurde der Südwestfriedhof zu einem Museum für modernistische Architektur und Bildhauerei. In diesem konkreten Fall verfügte Puig i Cadafalch über die Mitarbeit des Bildhauers Eusebi Arbau.

mer, ausnahmslos untersagt. In der zweiten Hälfte durften die Witwen spazierengehen, sich Vorträge anhören, wenn ein ernsthaftes Thema abgehandelt wurde, musikalischen Aufführungen beiwohnen und das eine oder andere mehr tun. Daß sich eine Witwe wiederverheiratete, war immer verpönt, falls nicht entscheidende wirtschaftliche Gründe eine zweite Ehe nahelegten.

Obwohl damals die Flüchtigkeit von Affekten, Treue und Erinnerung ein Gemeinplatz war, konnte der Bürger, der am Ende der modernistischen Zeit die Welt verließ, stärker auf das Verbleiben seines Angedenkens bauen als auf das Überleben dieses Stils, den er gefördert und in dessen symbolischen Wert er seinen Stolz gesetzt hatte. Kaum war das erste Jahrzehnt des 20. Jahrhunderts vorbei, begann man den modernistischen Stil von allen Seiten her erbittert anzugreifen. Nicht einmal Gaudí entkam dem

Gespött einer agnostischen, der Logik der politischen Macht verbundenen Intelligenzija, die jetzt die Nüchternheit verfocht und dieses Wuchern ornamentaler Motive, die ihr als eine Imitation des süßesten, widerwärtigsten Zuckergebäcks erschienen, mit Mißbilligung, wenn nicht echtem Abscheu betrachtete. Die Wohnungen wurden neu eingerichtet und alle Luxusgegenstände in Keller oder auf Dachböden verbannt. Es fehlte nicht an Stimmen, die dem guten Geschmack zuliebe den Abbruch der herausragendsten Werke der modernistischen Architektur forderten, um den guten Namen der Stadt zu erhalten, und möglicherweise retteten nur Trägheit und chronischer Geldmangel einige dieser Werke vor der Spitzhacke. 1929, als Barcelona sich anschickte, seine zweite Weltausstellung durchzuführen, sagte Carles Soldevila in einem kleinen Führer mit dem Titel *Die Kunst, Barcelona zu zeigen*, der Barcelonese, der einen Touristen begleite, müsse ihm erklären, daß Barcelona »das Pech gehabt« habe, »einen großen Teil des Ensanche-Viertels nach Maßgabe des sogenannten ›Modernisme‹ zu bauen«. Von allen Gebäuden in diesem Stil rief keines soviel Übelwollen hervor wie der Palau de la Música, von dem Soldevila in seinem Büchlein so sprach: »Heute sind sich alle Barcelonesen bewußt, daß der genannte Palast ein Unglück ist.« Im Februar desselben Jahres 1929 veröffentlichte der Journalist Manuel Brunet einen Artikel mit dem Titel »Ist der Palau de la Música Catalana verzichtbar?«, eine Frage, die die Antwort bereits impliziert. Der Schluß des Artikels war natürlich ein Abbruchvorschlag. Weniger Radikale legten nur den völligen Umbau seines Innenraums nahe. Eine sensiblere oder scharfsinnigere Stimme sagte folgendes: »Der Palau ist ein Denkmal für die pompöse Eitelkeit einer Epoche voller Illusionen.« Jetzt, da diese Illusionen verflogen waren, blieb nichts weiter zu tun, als die Monumente abzubrechen, die sie verkörpert hatten. Diese Zerstörungswut dauerte 1932 noch an; in diesem Jahr vertrat der Schriftsteller, Journalist und Politiker Rafael Tasis die Ansicht, die Stadtverwaltung müsse »sämtliche Eigentümer Barcelonas verpflichten, alle Ziergiebel und -balkone zu beseitigen und die künstlerischen Fassaden ihrer *modern-style*-Häuser abzuschleifen, so daß alles Laub- und Zierwerk, das die Architektur des Hauses hemmt und verdrängt, wegfällt«. Zur allgemeinen Gleichgültigkeit wurden tatsächlich viele Gebäude abgerissen, wenn auch nicht aus ideologischen oder ästhetischen

Gründen, sondern um größeren, besser ausgestatteten oder eher mit dem Geschmack der neuen Zeiten übereinstimmenden Bauten Platz zu machen. So verschwanden nach und nach die Cafés, Restaurants, Theater, Ladenlokale und Wohnungen. Die überlebten, taten es von einer dicken Schmutzschicht getarnt, die ihre vielen Farben und Reliefs verdeckte, so daß sie durch Nachlässigkeit, Erosion und Ruß den angrenzenden Häusern gleichgeschaltet wurden. Man nahm sie nicht mehr wahr, sie waren Bestandteile des Magmas einer Stadt, die planlos weiterwuchs und mit periodischer Regelmäßigkeit ihr Zentrum verlegte. Den Rest übernahmen soziale Konflikte, Kriege und Diktaturen, bis die Barcelonesen, zu Beginn des letzten Drittels des vorigen Jahrhunderts, allmählich die Existenz des Modernisme in ihrer eigenen Stadt wahrnahmen. 1930 hatte Salvador Dalí den Modernisme, der damals heftigen Angriffen ausgeliefert war, verteidigt und als »höchst kreativen schlechten Geschmack« bezeichnet, eine weniger paradoxe Definition, als es auf den ersten Blick scheinen mag. Es war jedoch nicht diese Qualität, die jetzt den Barcelonesen auffiel und ihr Interesse weckte, sondern die Spuren einer vergessenen Vergangenheit und einer fast verlorenen Identität. Nach und nach wurden die Gebäude restauriert, ebenso die Möbel und andere Objekte. Die Kunstwerke vervielfachten ihren Wert. Viele dieser Häuser, die man jetzt zurückzugewinnen versuchte, waren verstümmelt oder hoffnungslos beschädigt worden, und nur wenige hatten überlebt, ohne ihre Persönlichkeit und ihren Sinn zu verlieren. Fast wie archäologische Fundstücke geborgen, waren sie gleichsam stumme Zeugen einer Welt, die nicht mehr zur kollektiven Erinnerung der Stadt gehörte, einer Epoche, deren Puls zu einem guten Teil die Grenzen der Geschichtswissenschaft überschritt und aufs Reich der Fantasie übergriff. Es war eine an Illusionen und Verheißungen reiche Epoche gewesen, und die meisten davon waren nicht über diesen nebulösen Zustand hinausgekommen oder folgten, wenn sie Wirklichkeit wurden, ganz anderen als den vorgesehenen Wegen. In der Erinnerung blieb die Nostalgie der verpaßten Gelegenheiten, der von der Unfähigkeit der einen, dem Egoismus anderer, der Intoleranz der meisten entstellten Träume. Dann schliff die Zeit allmählich Kanten ab. Als schlechtere Zeiten kamen, begannen sich die Barcelonesen, wenn sie zurückschauten, die modernistische Zeit als eine heitere, großzügige Epoche vorzustellen, vor allem aber als eine abgeschlossene Epoche. Wenige sahen, daß sie in Wirklichkeit die guten und schlechten Früchte des Samens ernteten, der damals ausgestreut worden war, noch daß jene scheinbar unwiederbringliche Zeit zu einer kontinuierlichen Linie gehörte, die sich bis auf den heutigen Tag fortsetzt.

Inhaltsverzeichnis

CEMENTIRI
9
A
7
8
UNIVERSITAT
CIENTIFICA
6
12
CENTRE
SOCIAL
3 B
5
PASSEIG DE GRACIA
A
1
2
PARCH
MONTJUICH
CEMENTIRI
RAMBLES
B
C
MAR